上：**玄宗と楊貴妃の遊宴の図**　楊貴妃の好んだ茘《れい》枝《し》（ライチ）を使者が献上している。
ユニフォトプレス提供

左：**「明皇幸蜀図」**　756年6月，安禄山に長安を追われて，蜀へと落ち延びる玄宗皇帝（明皇）一行。アフロ提供

前ページ：終焉の地，馬嵬の墓地に建つ楊貴妃の像

自周詳纔
名和利耶
勞與忙年
失姓氏北宋
乎唐
甲午新秋
御題

右：**安禄山**　父がイラン系のソグド人，母がトルコ系の雑《ざっ》胡《こ》とされる。アフロ提供

下：**楊貴妃の墓**　長安の西方約120里（約50km）の馬嵬にある。757年，玄宗が蜀から長安に戻る途中，改葬して墳墓とした。当初は土盛りであったが，今は塼《せん》で覆われている。

新・人と歴史

拡大版 15

安禄山と楊貴妃

安史の乱始末記

藤善 真澄 著

SHIMIZUSHOIN

本書は「人と歴史」シリーズ（編集委員　小葉田淳、沼田次郎、井上智勇、堀米庸三、田村実造、護雅夫）の『安禄山と楊貴妃』として一九七二年に、「清水新書」の『安禄山と楊貴妃・安史の乱始末記』として一九八四年に刊行したものに表記や仮名遣い等一部を改めて復刊したものです。

はしがき

「クレオパトラか楊貴妃《ようきひ》か」と詠《うた》われるほど、楊貴妃は東洋における美女の権化《ごんげ》として古来、人人のあいだに膾炙《かいしゃ》されてきた。『今昔物語《こんじゃくものがたり》』『十訓抄《じっきんしょう》』『浜松中納言物語』『唐物語』、はては江戸時代の川柳にいたるまで、楊貴妃を題材にあげたものは数えきれないほどである。かくいう筆者が、中国、とくに隋唐時代の歴史を専攻するはめになった原因も、いつとはなしに聞かされた楊貴妃の話に加えて、高校の国語で教えられた白楽天《はくらくてん》の「長恨歌」に魅せられたことが、伏線となっている気がする。けれども広く知られたものほど常識的にしか知られず、あるいは真実が歪《ゆが》められている場合が多く、楊貴妃も例外ではないようである。現に筆者が『安禄山《あんろくさん》』を書いたとき、二、三の読者からタイトルをみて最初は山の名かと思ったというはがきを寄せられ、いささかがっかりした経験がある。楊貴妃といえば玄宗《げんそう》とすぐ連想できても、安禄山は駄目であるらしい。楊貴妃と玄宗のロマンスが、これほど世間の注目を浴びるようになったのは白楽天の「長恨歌」のせいだが、この天才詩人の詩情をくすぐったのは二人の悲劇的フィナーレであり、その舞台を装置したのが安禄山であるから、当然三人セットに記憶されるべきであろう。

最近、井上靖氏の小説『楊貴妃』のほか田中克巳氏の『中国后妃伝』、大野実之助博士の文学史からみた『楊貴妃』も出版された。また吉川幸次郎博士の厖大《ぼうだい》な杜甫《とほ》の研究や高木正一教授『杜甫』などにも随所に折り込まれている。筆者の先著も三人セットの原則にもとづき、楊貴妃にふれた部分が多く、この原稿を依頼されたとき、繰り返しになることを危懼《きぐ》した。だが歴史学の立場から書くことも必要であり、なるべく先のものとは違った史料を使い、学界の研究成果をとりいれながら、先著で果たせなかった問題点を掘り下げてみたい欲望も手伝い、ついに引き受けてしまった。必ずしも目的を遂げたとはいえないが、ふだん気がついていながら論文とするには帯に短く襷《たすき》に長くて書けないことがらをあつかってみた。そのせいか啓蒙書でもなく学術書でもない中途半端なものに終わってしまいそうである。著名な人物や事件を、それも改めて執筆するほどやりにくいものはない。なにがしか視野をひろげ、新しい見解を加えたいと、ついりきみがちになるからである。意欲がどの程度筆にたくせられたか、評価は読者の判断にゆだねるほかはない。主人公らの内面深くふれたいと願いながらも、遺文のない悲しさ、筆者自身がもどかしさを痛感するのであるから、諸者はなおさらであろう。また、転任、さらに学費値上げをめぐる紛争と、腰の落着く遑《いとま》もなく、たびたび執筆が中断したため、前後矛盾しはせぬかと恐れる。

一九七二年

無期限スト貫徹のシュプレヒコールを聞きながら、

千里山学舎にて、著者記す

目次

III 暗雲ひろがる

IV 享楽の宴

V

Ⅵ　破局そして暗転

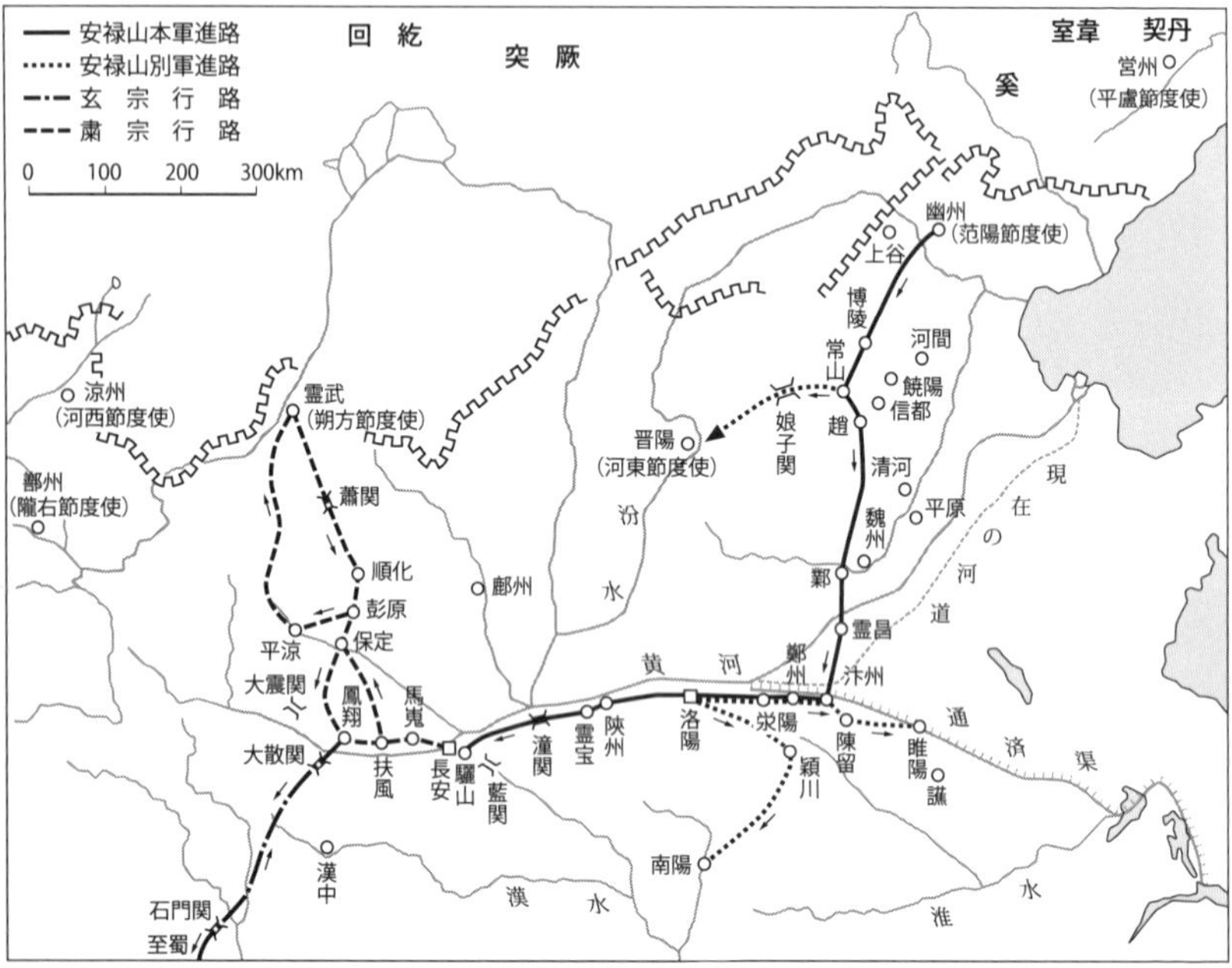

安禄山本軍進路
安禄山別軍進路
玄宗行路
粛宗行路
0 100 200 300km
回紇
突厥
室韋
契丹
奚
営州（平盧節度使）
幽州（范陽節度使）
上谷
博陵
河間
常山
饒陽
信都
趙
娘子関
晋陽（河東節度使）
清河
平原
魏州
鄴
霊昌
鄭州
汴州
現在の河道
汾水
鄜州
霊武（朔方節度使）
涼州（河西節度使）
鄯州（隴右節度使）
蕭関
順化
彭原
平涼
保定
大震関
鳳翔
馬嵬
大散関
扶風
長安
驪山
藍関
潼関
霊宝
陝州
洛陽
滎陽
陳留
睢陽
譙
潁川
南陽
漢中
漢水
淮水
通済渠
黄河
石門関
至蜀

安史の乱関係地図

I

安禄山の挙兵とその背景

漁陽の兵鼓

❖禄山そむく

七五五年（天宝一四）一一月九日、安禄山にとって運命を決するときは訪れた。

その日の朝まだき、かれが全幅の信頼をおき父子軍と命名した親衛隊八千余騎を中心に、蕃《ばん》漢《かん》あわせて一五万、二〇万と号する大軍が根拠地の薊城《けいじょう》をあとに延々と長蛇《ちょうだ》の列をつくって、いっせいに南下を開始した。

禄山は鉄輿《てつよ》に巨腹をゆだね、歩騎の精鋭は堂々と前後につき従い、濛々《もうもう》たる砂塵はつきるところを知らず、軍鼓の響きは天地を揺り動かすばかりであった。

宋《そう》の司馬光《しばこう》は名著『資治通鑑《しじつがん》』のなかで安史の乱のファンファーレを、このように描いている。それはまた、いみじくも白楽天が「漁陽の兵鼓、地を動《どよも》して来たる」と詠《うた》った「長恨歌」の一節さながらの光景でもある。

安禄山反乱の図

禄山は自他ともに許す権謀術策の持ち主であるが、反乱を通じてその異能ぶりが最大限に発揮されたのは、おそらくこの前後であろう。根拠地から洛陽《らくよう》にいたる唐側の防備軍はもちろん、めんみつな作戦図をあらわし、進撃の行程、日数を割りだすなど、万全の策を講じている。ことは密なるをもってよしとするの譬《たとえ》、陰謀にあずかったのは次男の安慶緒《あんけいちょ》のほか、厳荘《げんそう》、高尚《こうしょう》の漢人官僚と蕃将の孫孝哲《そんこうてつ》、阿史那承慶《あしなしょうけい》の四名にすぎず、すべて隠密裡《おんみつり》に運ばれている。禄山が諸将に謀反の決意をうちあけたのは、出発のわずか三日前、都に使いした者が帰還した直後のこと。あたかも使者が携《たずさ》えてきたかのように玄宗の密書をデッチあげ、おもだった者を酒宴に招き、これみよがしに封を切ってみせた。その内容は、

兵を率いて都に攻めのぼり、楊国忠《ようこくちゅう》を討て。

というものであった。一同はカラクリのみごとさに度肝《どぎも》を抜かれ、誰一人、異議をさしはさむ者もなく、愕然《がくぜん》と顔を見合わせていたという。この演出には「秘密が漏《も》れ、唐側に十分な防御体制をとらせてはまずい。また部下のなかに、よしんば唐への忠誠心を失っていない者があっても、密旨の真偽を探る余裕を与えず強引に従軍させれば、唐側の処刑をおそれて簡単に寝返りはすまい」、そうした、部下を窮地に追い込み、いや応なく反乱に協力させるための巧妙な計算がある。もちろん禄山の謀逆がささやかれて一〇年にもなり、禄山の輩下も漠然とした不安は抱いていたと思われ、とくに、この八月から将兵の饗応がひんぱんに行なわれ、激しい演

習や馬の調教が繰り返され、武器、甲冑《かっちゅう》の整備が急がれてきたので、心ある者はただならぬ気配を感じとっていたはずである。敵味方が度肝を抜かれたのは、禄山に二心《ふたごころ》ありと取沙汰《とりざた》されてきた永い歳月のなせるわざ、「羊飼いの少年と狼」（『イソップ物語』）の話などにみられる、繰り返しによる慣れのこわさである。風聞だけで、いっこうに実現しなかった禄山の反乱は、人々の猜疑心《さいぎしん》を失わせるに十分な歳月をもった。また根拠地の薊州《けいしゅう》が新羅《しらぎ》や契丹《キタイ》など強大な異民族の侵入を防ぐ前線基地であったため、半ば公然と軍備を拡充しても、国土防衛の準備とみまちがわれやすかったことも幸いしていよう。

❖「君側の奸臣楊国忠を討つ」

〝君側《くんそく》の奸臣《かんしん》楊国忠を討つ〟という禄山の檄文《げきぶん》にも、かれなりの読みがうかがわれる。どのような大義名分をふりかざそうとも、逆臣の汚名は逃れられず、そのことはかれ自身が百も承知していた。ねらいはほかにある。つまり楊国忠との仲が犬猿もただならぬことは天下に知れわたっており、かねがね楊国忠の専横を快く思わない者が多く、内心では禄山の行動に快哉《かいさい》を叫ぶ者さえあろう。たとえ鋒先《ほこさき》を楊国忠にむけても楊貴妃がいるかぎり、いかな玄宗でも楊国忠を見殺しにはすまい。あいも変わらず楊国忠が権勢を保ちつづけるなら、官僚のなかには反乱誘発の責任を弾劾する者も現われ、唐側には感情の対立がおこる。また直接の被害を受ける民衆の怨嗟《えんさ》は高まり、ひいては防御の気勢がそがれ、反戦ムードが漂うに違いない。このような心理的効果を期待した禄山の旗印であったとみられる。

城南に全軍を集結させた禄山は、このたびの軍事行動が楊国忠を誅殺《ちゅうさつ》することにあると宣言し、

異議をとなえ、兵士を煽動《せんどう》する者は、三族まで斬る。

旨を厳命している。『新唐書』に、その前日、百余の郎党を従え城北にある先祖の墓に詣《もう》で、戦勝を祈願したことがみえ、その悲壮な姿にすさまじい気魄を汲みとることができる。故意か偶然か、出陣の日は甲子、つまり干支《えと》が新たに始まる日であった。

中国には讖緯《しんい》思想と呼ばれる一種の予言説が伝わっている。政治にかかわりをもつ迷信じみた内容が多いので、たびたび弾圧を受けたが、禁絶できなかった。そのなかに甲子《こうし》革命、戊辰《ぼしん》革運、辛酉《しんゆう》革命などの説がみえ、それぞれに組合わされた干支の年には革命がおこるというのである。わが国にも推古天皇の一〇年、暦とともに讖緯の書が伝わり、辛酉革命説にもとづき、神武即位の紀元元年をまず辛酉の年にふりあて、あとで推古天皇までの年数が逆算されたのはよく知られている。禄山は人一倍の迷信家で、多くの占術師をかかえていた(『逸史』)。縁起をかつぎ、干支に年と日の違いはあっても甲子革命説にあやかり、干支の改まる日を門出に選んだとみたほうが、よほどかれに似つかわしい。だが前途にきざす不吉な陰翳《かげ》がなかったわけ

ではない。

『安禄山事迹』と『新唐書』には、出陣にあたって土地の耆老《かおやく》が「大義名分のない挙兵は、敗北あるのみ」と必死に諫《いさ》めた事件を伝えている。殺気だった雰囲気のなかに、身の危険を犯してまで、耆老がこのような行動にでたのは、禄山がよほど領民の信望を集めていたからに違いない。唐末の薊州一帯では禄山・史思明《ししめい》が二聖と仰がれ、禄山に悪口をあびせたある新任の長官が、部下に追い出されているのもうなずける。それにしても辺境に住みつき、さほど政情に明るいとも思われぬ禄山びいきの耆老さえもが挙兵を諫めるほど、禄山側にとって状況は不利であったことがわかる。禄山はしかし、厳荘を通じ耆老に対して鄭重《ていちょう》に答えている。

国のためお役に立ちさえすれば、それでよいのだ。今こそ天子をおたすけし、邦《くに》を寧《やす》んずる千載一遇の秋《とき》である。なんのはばかることがあろう。

なにせ一五万余の精鋭がいっせいに南へ移動するのである。沿道の住民は肝をつぶし、払暁《ふつぎょう》にもかかわらず三々五々と集まり、
百歳の老人でさえ、范陽の兵馬が南下するなど、見たことはなかろう。

と不安げに語りあったという。それも道理、建国後一四〇年、光輝ある征服戦は数かぎりなく経験しているが、内戦はほとんどなく太平の世に慣れた民衆にとり、国境の防備軍が大挙して都へ攻めのぼるなど、青天の霹靂《へきれき》にもひとしかった。住民の言葉はまた、唐全土を襲った驚愕

をそのまま代弁していると思われる。

要衝には腹心をそれぞれ配置し、後顧の憂いをたち、大唐帝国に乾坤一擲《けんこんいってき》の勝負をいどんだはずが、あにはからんや相手は意外にもろく、破竹の快進撃がつづいた。それは不意を突かれた唐側の周章狼狽《ろうばい》ぶりもさることながら、内戦ともなれば手も足もでない軍制のありかたを暴露するものであった。

❖唐の軍制とその実態

唐の軍制は府兵制と呼ばれ、兵農一致を原則とする民兵制度を根幹としている。中央には、驍騎《ぎょうき》、豹騎《ひょうき》、熊渠《ゆうきょ》など勇壮な名をもつ一八の衛府《えふ》が禁軍《きんぐん》（近衛師団）を構成する。地方には徴兵、教練、動員を担当する六三〇前後の折衝府《せっしょうふ》がおかれ、中央の衛府に分属した。各折衝府は八〇〇から一二〇〇の定員をもち、管内の成年男子が三人交替で、三年に一回ずつ農耕のあい間に教練を受け、一年半に一、二回、一か月ないし二か月を都にのぼり禁軍の衛士となる。このほか少なくとも一回は国境に点在する鎮《ちん》、戍《じゅ》へ三年の防人《さきもり》奉公にあがらねばならない。兵部（防衛庁）―衛府―折衝府さらに鎮・戍に及ぶ、このピラミッド型のみごとな組織が、もし額面どおりフル回転すれば、防衛にはなんの不安もない強力な軍団を維持できたはずである。けれども理想的な制度ほど矛盾をかかえ、弱点をひそめているものはない。

まず辺境守備の防人はたかだか一〇万程度、平穏無事なときならいざ知らず、周辺民族の活動がひんぱんになれば、あの果てしない国境を守るには脆弱《ぜいじゃく》このうえもない。やむなく一旦緩急のさいには強引に徴発する。ちょうど大戦下のわが国が徴兵、志願兵では間にあわず、赤紙をばらまき、学徒動員令をかけたようなものである。この混成旅団を行軍と呼び、三代高宗のころまでは対外発展、とくに隋朝からの懸案であった高句麗征伐のため、毎年のように一〇万前後、ときには三、四〇万の行軍が編成されている。ピークをすぎ新羅、契丹、突厥《トルコ》などの侵攻が熾《さか》んになれば、国土防衛と銘うって、また組織される。あまりにたび重なる行軍の派遣と、それにともなう軍費の捻出に苦しみ、ついに行軍を常駐させ、鎮・戍の軍をあわせた新しい指揮官を任命した。これが節度使であるが、王朝の威信保持という代償のある支配者にひきかえ、救われないのは、際限なく駆りだされる民衆である。

❖国防のアキレスけん

軍制のアキレスけんはほかにもある。徴兵の義務は、わが古代の土地制度である班田収授《はんでんしゅうじゅ》の法や税制の母体となった均田制および租庸調制《そようちょうせい》と深いつながりがある。これらはくわしく紹介するまでもないことだが、要するに国家が支給する永業、口分《くぶん》両田の計百畝を受ける成年男子は、みかえりに粟《もみ》二石（租）、絹・絁《あしぎぬ》二丈と綿三両、または麻布二丈五尺と麻三斤（調）、一年に二〇日の役（庸）を義務づけられるほか、付加税や雑徭《ざつよう》と呼ばれる雑多な労働もあり、兵役も重要な義務の一つであった。徴兵にあたっては、いっさいの義務負担が免除される。とはいっても、糧食はおろか武器・甲冑の類《たぐい》まで自前。かってに土地を割りつけておいて、免税の特典をあたえるかわりに経費はすべて負担せよという、支配者特有の身がってな理屈がまかりとおっている。では公約どおりに土地が支給されているかといえば、そうではない。均田制の実施状況については学界で論争がつづいているが、いずれにしても国家には金のかからぬ府兵制も、農民には耐えがたい苦痛をともなった。とくに折衝府の大部分をかかえる河北・河南地域は過重な負担に泣かされたのである。たとえ均田制が規定どおり運営されても、経費自弁のうえに行軍の常駐化がすすめば、服務期間はのび、徴発回数はふえる。困苦のあまり農民が兵役忌避にはしっても無理はなかった。『新唐書』の兵志には次のようにいっている。

高宗・則天武后の時代から、久しく兵を用いなかったので、府兵制はしだいに壊れ、服務の交替は規定どおり行なわれず、衛士はおおむね亡《に》げ匿《かく》れた。欠員や逃亡はあいつぎ、宮殿の宿衛さえ満足に補塡《ほてん》できないありさまとなった。

ながらく戦闘が行なわれなかったのではなく、動かしすぎた結果が救いようもない状況を招いたのである。兵士あつめに難渋した則天武后は、やむなく全国の囚人を赦免し、民間の奴隷を官費で買いあげ軍に組入れようとしたが、文人としても名高い陳子昂《ちんすごう》に諫められる一幕がある

（『陳子昂集』）。まことに唐帝国も、こと軍備にかんするかぎり、火の車さながらであった。これは現実にほど遠い理念の遊戯にもにた制度の欠陥と、大国が本来的にもつ苦悩でありジレンマである。なぜなら、光輝にみちた領土の拡大は、必然的に防衛軍の増強を要請し負担は重く民衆の肩にのしかかり、生活の破綻はやがて無言の抵抗へと還元される。国家はひとたび味わった栄光の座を失うまいと、多大の犠牲をも顧みず勢威の維持にひたすら腐心するが、努力すればするほど内部から崩れさっていく。唐にとって最大の敵は、ほかならぬ広大な領土であり帝国の体質そのものなのである。

❖州県風を望んで瓦解す

持ち駒不足に悩む唐は、防御の実をあげるため、強力な軍は辺境に配置し、内地には申しわけ程度の守備隊をばらまいたにすぎない。ことに府兵制に見切りをつけ募兵制に切り替えた玄宗朝になると、大部分は前科者か無頼《ぶらい》徒食の輩《やから》という、質の悪さでは定評のある傭兵《ようへい》で、訓練はおろか飲み・打つ・買うの三拍子ぞろい。国家防衛などといった殊勝な気持ちは少しもなかった。そこへ唐の全兵力の三分の一を占める禄山軍が、怒濤のように進撃してきたのであるからたまらない。道すじにあたる民衆はいうにおよばず、安眠をむさぼっていた駐屯軍は名状しがたい大混乱におちいった。その光景を司馬光は嘆息まじりに次のように述べている。

海内《こくない》は昌平の世がつづき、民百姓は数世代にもわたって兵変に直面した経験もなく、突如、禄山の挙兵をきき、遠近は震え慄《おのの》いた。河北一帯は禄山の管轄内である。道途にあたる州県は風を望んで瓦解し、長官のある者はまっ先に城門を開いて降り、ある者は城を棄てて身をひそめ、あるいは擒《とら》えられ血祭りにあげられる者が続出した。こうして誰一人、敢然とたちむかう者はなかったのである。

また『安禄山事迹』には州県の武器庫を開いてはみたが、甲仗《こうじょう》器械《きかい》は錆《さび》つき、ほとんど役にたたないので、兵士はありあわせの棒をたずさえて防いださまを伝え、「いわゆる治にいて乱を忘れるのは危ういことだ」と誡《いまし》めとも慨歎《がいたん》ともつかぬ言葉を書き残している。ではこれほどまでに唐帝国を震憾《しんかん》させた禄山とは、いったいどのような経歴をもった人物であるのか、その生い立ちから筆を染めてみよう。

雑胡の素姓

❖父はソグド人

一九二六年（大正一五）に出版された内藤湖南博士の『還暦記念論叢《ろんそう》』に、桑原隲蔵《じつぞう》博士の「隋唐時代に支那に来住した西域人に就《つ》いて」という論文がある。これは桑原博士の全集に収録されているが、禄山がイラン系の血をひく人物ではないかと注目された、記念すべき作品である。博士の指摘は研究がすすむにつれ正鵠《せいこう》を射ていたことが明らかになった。今では禄山がイラン系に属するソグド人の父とトルコ系の母との間に生まれた雑胡《ざっこ》（混血児）であったことを疑うものはいない。

ソグド人、それはイランの東部、ソグディアナ地方に定住するイラン系の原住民である。アム河《ダリア》とシル河《ダリア》にはさまれた現在のウズベキスタンの地域は、古代ギリシア人がトランスオキディアナと呼んでおり、漢のころには粟弋、粟特などの音訳で知られている。ソグドはこれもギリシア人がマラカンダといい、中国では薩末鞬、悉万斤あるいは康国と呼びならわしたサマルカンドを中心に早くから栄えたが、たびたび周辺民族の支配をうけ、争奪戦の渦中にまきこまれた。その悲しい歴史をもつソグド人はしかし、しいたげられた民族のみがもつ雑草にもひとしい生活力や恵まれた地の利を存分に生かして、東西両世界に大きな足跡を残している。ソグド文字が、のちにウイグル、モンゴル、満州文字などに痕跡をとどめているのもよい例であるが、最大の業績はやはり東西を股にかけたその経済活動であろう。

サマルカンドは『西遊記』で名高い玄奘《げんじょう》法師が、インドへの道すがら立ち寄っているように、シルク-ロードをはじめ東西南北に通ずる交通の要衝にあたっているので、いちはやく交易が盛んとなった。したがってソグド人は天性ともいえるほど商才にたけており、幅広い経済活動を行なったのである。かれらのたくましい商魂は、ふるく『漢書』の西域伝に伝えられているが、『唐会要』や『旧唐書』などには、次のような興味ぶかい記事をのせている。

サマルカンドの住民は子どもが生まれると蜜をなめさせ、手に膠《にかわ》を握らせる。これは成人した暁に、蜜のような甘い言葉をしゃべり、膠が物を粘着させるように銭を握ったら離すなというマジナイである。かれらは商売のコツをよく習いおぼえ、わずかな利潤にも骨身を砕く。男子は二〇歳になれば他国へ商いにやらせるしきたりであり、中国にもやってきて、儲けがありさえすれば、どのような所にも出向いていく。

商人根性を徹底的にたたき込まれたかれらは、遊牧国家にも進出して植民地をひらき、経済はおろか文化をリードし、政治さえも左右するほどの力をたくわえている（羽田亨『漠北の地と康国人』、プーリ＝ブランク“A Saggdian Colony in Inner Mongolia.”）。

❖母は突厥の女

父方の血統を紹介したついでに、母方のそれにも少しふれておこう。トルコ系というのは中国で突厥《とっくつ》と呼ぶ民族であり Türküt の音訳である。この部族は五世紀から六世紀前半にかけてアルタイ山脈の麓に遊牧していた（アルタイ＝チュルク）。はじめはモンゴル高原に覇《は》をとなえたモンゴル系の柔然《じゅうぜん》国に隷属していたが、五五二年、製鉄を生業《なりわい》とする奴隷部族の阿史那《あしな》氏族に率いられて独立運動をおこし、部族国家をたてた。それからは根拠地をユチケン山麓にうつしてエフタルやソグドを征服するかたわら、中国の北辺をたびたび侵した。ちょうど北中国を東西にわけ対立抗争をつづけていた北周と北斉が、この突厥にさんざん悩まされている。

南北を統一した隋には、さすがに巧妙な手口で翻弄され、東・西両突厥に分裂するさわぎも手伝い、一時はかなり衰えをみせたが、隋末・唐初の混乱にまぎれてふたたび勢力をもりかえした。けれども七世紀末、西突厥は部族の反乱や権力争いがあいつぎ、トルギッシュの勃興にもろくもついえ去り、一方の東突厥はソグド人を重く用いすぎたために部族内の反感をまねき、天災につづく鉄勒《トグズ》部族の反乱によって、六三〇年ついに唐へ帰伏せざるをえなくなった。その後、半世紀のあいだは唐の対北方政策の要《かなめ》となっていたが、阿史那クトルクのとき唐からの離脱に成功し、七四四年、ウイグル部族の独立運動によって滅亡するまで名君があいつぎ、よく勢力を保持することができた。この阿史那クトルクより滅亡するときまでが則天武后から玄宗時代の前半にあたり、安禄山と深いかかわりをもつ時代なのである。

❖混血児の誕生

さて禄山の伝記には、みな父の康某が突厥の巫女《みこ》であった阿史徳氏と結ばれて禄山をもうけたように書いてある。康とか安の姓は、もちろん中国風の姓であるが、それにしても父と子の姓が違うことは注目されよう。この康は康国《サマルカンド》の康に由来する姓で、がんらい中国在住のソグド人は、それぞれの出身地にちなんだ姓を用いるのが普通であったからである。それというのもソグドが史書に六姓昭武《チュブ》などと紹介されている六国の連合体であったから、それぞれの出身者は国王の姓《チュブ》にもとづき、中国風に姓を名のったことによる。康（Samarkand）何（Kushâniyah）曹（Kabudhâna）史（Keššš）米（Mâimargh）そして、安（Bukhâra）の六姓がそれである。では禄山がブカラ出身、父親はサマルカンド生まれという奇妙な関係になるのはなぜなのか。その疑問についてはあとで検討することにして、母方の阿史徳氏は突厥の可汗（王）をだす阿史那

モンゴルの包《パオ》

氏につぐ有力貴族の姓である。被支配民族の出でありながら、このような突厥貴族の娘を娶《めと》れたのは、禄山の父が突厥内でかなり重要な地位にあった人物ではないかと推測できる。

ここで六三〇年、さしも強大を誇った東突厥が唐へ降伏せねばならなくなった原因の一つに、ソグド人をめぐる内部の不満があったことを思い出していただきたい。理屈はモンゴル帝国が色目人と呼ばれる西アジア人を重く用いたのと同じで、被征服民族とはいっても、はるかに高度の文化をもち経済力もあるソグド人が、なにかにつけ重宝がられたためだと思われる。内部の反発を買いながら、依然として突厥におけるソグド人の地位が変わっていないのは、それを雄弁に物語ってくれる。禄山の父康某も、やはりそのような立場にあった人物であろう。

ところで『事迹』には、この混血児の出生にまつわる奇怪な伝説を冒頭に紹介している。

安禄山は営州の雑胡で、幼いときの名を軋犖山《あつらくさん》という。母の阿史徳氏は突厥の巫女であったが子宝に恵まれず、軋犖山の神に禱《いの》りをささげ、霊験あらたかに孕《みごも》った。月満ちて生まれた夜は、あたり一面に赤光がきらめき、おびただしい獣の咆哮《ほうこう》が闇をつんざき、天文を占っていた者は妖しい星が光芒《こうぼう》を放ちながらその穹廬《テント》に落下していくのをみた。不思議なできごとがひんぴんとおこるので、わが子は神の落とし子に違いないと考えた阿史徳氏は、ゆかりの軋犖山にちなんで命名した。唐の将軍張仁愿《ちょうじんげん》は部下に命じてその穹廬を捜索させたがみつからないので、老若男女をことごとく殺した。けれども軋犖山は人にかくまわれ殺戮《さつりく》を免がれることができた。

自分を生まれつきただ者ではないように吹聴《ふいちょう》するため、禄山自身がデッチあげたフィクションか、さもなければ、かれの醜怪な容貌に接した人々のあいだで、いつとはなく始まった話に違いない。禄山が生まれたころ、北辺の防衛に功績をあげた名将の張仁愿を引き合いにだすあたり、さもノンフィクションらしくみせかけて、いただけない。『事迹』が史料としての信憑性《しんぴょうせい》を疑われる原因も、ここらあたりにひそんでいる。

❖素姓をめぐって

禄山の素姓について、もっとも有力な説を発表されたプーリ＝ブランク氏は、これがキリスト教の影響によって生まれた説話ではないか、というおもしろい仮説をたてられている（「安禄山の出自について」）。ネストル派の中央アジア宣教をまつまでもなく、すでに突厥の西方発展に力を注いだシルジブール可汗のとき、ソグドの商人たちはササン朝ペルシアに絹貿易を申し込んでことわられ、やむなくアラル海からカスピ海の北岸を迂回《うかい》し、ビザンティン帝国と同盟を結んでいるので（松田寿男『東西文化の交流』）、ソグド人のあいだに、はやくからキリスト教が伝えられていた可能性が強い。だから、マリアの処女懐胎《かいたい》や、マタイ伝第三章にみえるユダヤの暴君ヘロッドが行なった嬰児《えいじ》虐殺などの物語が、影響を及ぼしていても不思議ではない。けれども開国伝説や英雄譚《たん》には感生伝説などありふれており、たとえば漢の高祖は母親が神を夢みて孕《みご》ったが、そのとき、一天にわかにかきくもり、雷鳴がとどろいたというような瑞兆譚《ずいちょうたん》は、中国にも多く伝わっている。ブランク氏の説は、ややキリスト教徒的な発想という気がしないでもない。ともかく禄山の幼名軋犖山は大王アレクサンドロスよりも、ソグド語の光――roxšan《ロクサン》 の音訳とみる、ヘニング氏の説を採用するとしても、前の話がフィクションならば、禄山の父康某、母阿史徳氏についてもブランク氏のように真偽を疑いたくなるのも当然である。

幼いとき父を失い、母と突厥で暮らしていたが、母はのちに胡《ソグド》の将軍安波注《あんばちゅう》の兄にあたる安延偃《あんえんえん》と再婚した。開元の初め、義父の部落は殲滅《せんめつ》され、同族の将軍安道買《あんどうこ》の子安孝節は、安禄山と安波注の息子安思順《あんしじゅん》、安文真《あんぶんしん》などと手をたずさえて、突厥から逃れた。この記録もブランク氏は誤りとみ、実は康某の子ではなく、安延偃と阿史徳氏のあいだに生まれたと結論されている。はたしてそうであろうか。

❖出生の秘密をとく

禄山出生の秘密をとく根本史料が三つある。その二つまでが『事迹』の原注にみえ、皮肉にも安延偃の実子とするブランク氏の説を裏づける内容なのである。

一つは禄山の死後、部下の史思明が造らせた墓誌銘《ぼしめい》に「祖父は逸偃《いつえん》」となっていること。もう一つは天宝七載つまり反乱に先だつ七年前、玄宗が安延偃に官爵を贈った詔勅のなかに「よく令胤《あとつぎ》（禄山）を生み云々」とある。墓誌銘が「父は延偃」の誤りか「祖父は逸偃、父は延偃」というのかはっきりしないが、安延偃に関係があるのはまちがいない。

ところでブランク氏の説を否定し、『事迹』の本文に近い第三の史料が『文苑英華《ぶんえんえいか》』や『全唐文』にみえる。これは安史の乱の鎮圧に最大の功績をあげた郭子儀《かくしぎ》が、禄山の従兄《いとこ》にあたる安思順のため無辜《むこ》の罪を雪《そそ》ぐよう上奏した文である。というのは禄山と反目していた哥舒翰《かじょかん》の讒言《ざんげん》にあい、安思順が禄山と通謀したとの濡衣《ぬれぎぬ》により、非業の最期をとげたからである。この文では禄山は本姓を康といい、牧童であったのを唐へ逃れてきたとき、安思順の父が孤児の身を憐れみ養育したのだという。解決に苦しんだブランク氏は、安思順を擁護せねばならない文の性格上、都合よく事実を曲げたのだ。それは安思順が父の安波注などと突厥で暮らしたことを隠蔽《いんぺい》する必要があったからと理由づけられた。もっともらしい見解だが、唐と突厥はハネムーンにひとしかった玄宗時代に、しかも安史の乱の一〇年前に滅亡した突厥で一時生活した事実を、なぜひた隠しにせねばならないのか。安思順の衍罪《えんざい》をはらすには禄山と血のつながりがないことを証明するだけでよい。だいたい安思順が突厥で生活した記録は『事迹』だけにしかないのに、『事迹』はフィクションだと退けるブランク氏が、これだけを信用するのもおかしい。また禄山が突厥を逃れる前の七一四年（開元二）、甘粛の渭源《いげん》県で、チベットと死闘を演じた唐軍のなかに安思順がいたことを伝える史料さえある（『旧唐書』王忠嗣伝）。羊飼いに仕立てたのはひどいが、郭子儀の文をすなおにとれば、これまで安延偃の実子で通っていた禄山が、もと康姓だったことを白日の下に曝《さら》したと解釈できる。ただ義従兄弟の関係にすぎなかったからこそ、衍罪に問われた安思順に深い同情が寄せられたのである。血のつながりはないが、安姓を名のるかぎり安延偃はりっぱに父である。だから禄山の墓誌銘に父親として名をつらね、禄山のゆえに官爵が贈られるのも不思議はない。このように理解せねば『事迹』の著者が墓誌銘や玄宗の詔勅を参考のために、わざわざ紹介しながら、父は康某とはっきり書いた理由が納得できないのである。

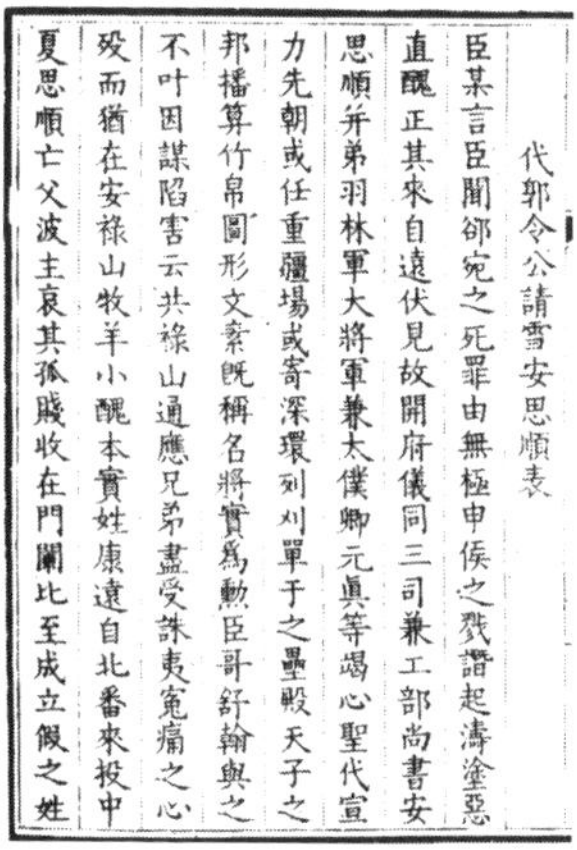
代郭令公請雪安思順表
臣某言臣聞卻宛之死罪由無極申侯之戮譖起濤塗惡
直醜正其來自遠伏見故開府儀同三司兼工部尚書安
思順并弟羽林軍大將軍兼太僕卿元貞等竭心聖代宣
力先朝或任重疆埸或寄深環列刈單于之壘殿天子之
邦播算竹帛圖形文稾既稱名將實爲勳臣哥舒翰與之
不叶因謀陷害云共祿山通應兄弟盡受誅夷寃痛之心
歿而猶在安祿山牧羊小醜本實姓康遠自北番來投中
夏思順亡父波主哀其孤賤收在門闌比至成立假之姓

安思順表

ながなが無味乾燥な論証を重ねてきたのも、有力なブランク氏の説に従うか否《いな》かによって、禄山の評価が、かなりくい違ってくるからである。安延偃はやはり『事迹』などが伝えるように禄山の義父であり、実父ともども突厥では顕要の地位にあった、と筆者は結論する。のちに紹介するように、一見卑屈とみえる彼の言動の数々には、よく

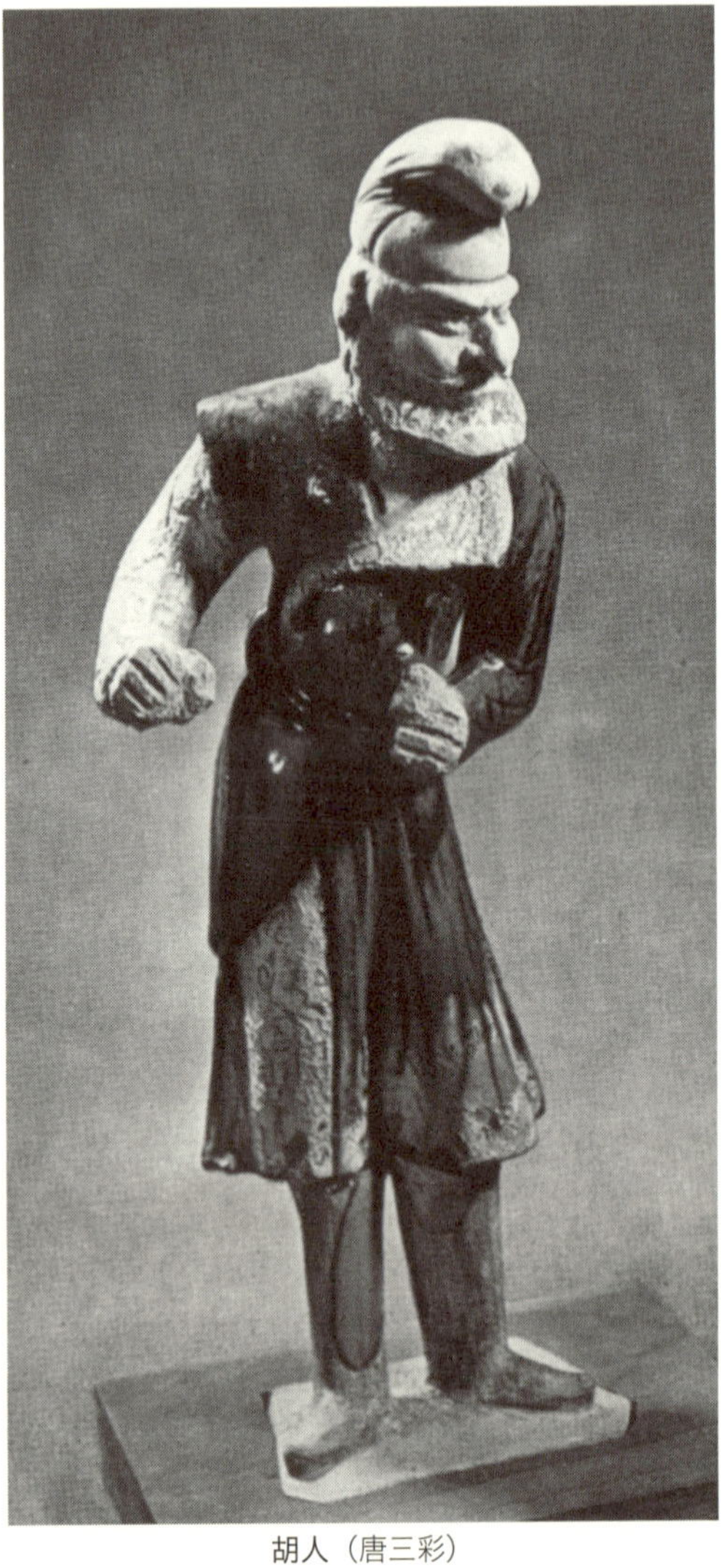

胡人（唐三彩）

注意すると傲岸《ごうがん》、不遜《ふそん》と思われる味わいがある。それは、このような家系を背景にもつからではあるまいか。彼は蕃兵を中核とする反唐集団をつくりあげ、反旗をひるがえすわけだが、その動機の一つに、中国人から雑胡とさげすまれながらも、胸中深くには、この誇りと自負の念が燃えさかっており、彼が北辺に地盤を築きあげたころ、奇《く》しくも滅亡した突厥の、往年の栄光を再現しようとする野望を抱いたのではないか、という気がする。事実、それにふさわしい素姓をもった禄山ではある。

亡命の果てに

❖粛清の嵐と亡命

義父の一族にあたる安道買は、唐の平狄軍《へいてきぐん》副使に任ぜられ、最前線の勝州（モンゴル托克托《トーコートー》）付近で活躍している。これらをみてもわかるように、安氏一族は唐に仕える者が多く、安道買の子安貞節《あんていせつ》は嵐州《らんしゅう》（山西省冀寧《きねい》）別駕となっていた。禄山は安貞節の兄安孝節《あんこうせつ》にともなわれて、この嵐州にいた安貞節のもとに身を寄せたわけである。突厥から唐へ、かれらがなぜこのような逃避行をせねばならなかったのか。それは突厥内部を吹きあれた粛清の嵐のためであるらしい。

東突厥の一全盛時代を築いた黙啜《チュル》可汗は九姓抜曳固《ばつえいこ》との戦闘でたおれた。偉大な指導者のあとには、えてして跡目相続をめぐる紛争がおこるものだが、チュルの子と甥《おい》の毗伽《ビルゲ》のあいだに、激しくも醜い可汗位の争奪戦が展開する。結局ビルゲの弟闕特勤《キュルテギン》のめざましい活躍によって、ビルゲが推戴されることになった（小野川秀美『河曲六州胡の沿革』）。

一八八九年のこと、バイカル湖に注ぐオルホン河上流のコーショー‐ツァイダムで、それまで未知の突厥文字を刻んだ貴重な碑文が発見された。このオルホン碑文を残した張本人こそ、ほかならぬビルゲ兄弟たちなのである。ビルゲ時代の到来、それは必然的にアンチ‐ビルゲ派の運命をも決定する。情無用の弾圧は、こうして開始されたが、不幸にも反対グループに加わった禄山の母方はじめ、義父の一族は、粛清の嵐をもろに受けてしまった。追捕の網を逃れた者は命からがら国境を越え唐へ亡命した。禄山もその一人である。だいたい中国の官撰史書には、反逆者、謀反人の年齢を書かない習慣なので、禄山の春秋もさだかではないが、卒年五五という『事迹』の説をもとに逆算すれば、一四、五歳のころにあたる。ときに唐では開元四年、新進気鋭の青年天子の治世がはじまったばかり。わが阿倍仲麻呂が遣唐使の多治比県守《たじひのあがたもり》に従って吉備真備《きびのまきび》らと唐に渡った年である。

オルホン碑文

❖三界に家なし

ところで、禄山が身を寄せたのは嵐州であるのに、史料がこぞってあげる本籍地は、はるか東北のかた営州柳城となっている。これはなぜなのか、嵐州から営州へ移住するまで、どのような経緯をたどったのか。『事迹』には次のようにいう。

成人するにつれ、性格は悪辣《あくらつ》で残忍。しかも奸智にたけ、他人の意表をすばやく読みとった。九か国語（六か国語ともいう）を自由にあやつり、諸蕃互市牙郎《しょばんごしがろう》となった。

このころ、店舗をかまえて商売する者を坐賈《ざこ》、行商人を客商、そして仲介業者を牙郎と呼んでいる。名にしおうコスモポリタン唐は世界の各地から珍奇な交易品が運ばれ、長安、洛陽をはじめ都会には市場があり、国境ぞいに異民族との定期市も開かれ、これらの商品がさかんに取り引きされた。蕃市牙郎とか互市牙郎は、このような異国の商人と唐の商人との仲立ちを業とするのである。しかしブランク氏は、これまた史実ではなく、安波注が七四二年（天宝元）に河西節度使の部将となっている記録があるので、まず安波注に伴われて河西におもむき、そこで軍隊に投じ、のち東北へ転任したのではないかと推論される。もっともな見解だが、ではなぜ蕃市牙郎のような話が生まれる必要があったのか疑問である。これは禄山が死んで間もなく編纂された官撰の『粛宗実録』にあった信憑性の高いものと思われるし、知名度の低い人物ならいざ知らず、唐に仕えて大成した禄山のこと、その前歴を知る者は多く、経歴は巷間にも伝わっていたと考えるのが順当であろう。ブランク氏のあげる論拠はきわめて薄弱である。安波注の息子安思順が禄山とは犬猿の仲である事実をみても、なんらかの事情によって折合いが悪く、義父の一族とは袂《たもと》を分かち、三界に家なき身となったのだと筆者は理解する。異国の空で生きねばならない孤児にとって、資本もいらない牙郎の仕事はてっとり早い。牙郎ともなれば諸蕃の言葉を達者に話さなければならず、豊かなかれの語学力も、このような生活の知恵によって、育《はぐ》くまれたものであろう。また驚くほどのハイ-スピードで頭角を現わすのも、早くから東北地帯に腰をすえ、諸民族の事情に明るかったからに違いない。史料に疑いを抱く（疑古）のも必要だが、新しいものが発見されるか、よほど矛盾がないかぎり、現存する史料を相互に無理なく理解する（釈古）のも肝要である。部分的にフィクションを含むからといって、すべてを史実でないと退けるのは、危険このうえもない。

❖評価をくもらす偏見

さても後世の人々が、禄山にあたえた評価は大同小異である。普段でも蔑視される雑胡であるばかりか、唐を奈落の底に沈めた反逆児であるからには、罵詈《ばり》雑言《ぞうごん》もやむをえまいし、性格についても、かなり正鵠《せいこく》を射ているのもまた確かである。けれども感情や偏見に左右された面も見逃せない。『平家物語』には出っ歯で背が低く、残忍で功名心にかられ、とかく武将たる器《うつわ》に欠けた源義経像があり、その『平家物語』が幾世霜にわたって読みつがれながらも、読者はひたすら美目秀麗、悲劇の英雄としてのイメージをかれに追い求めるように。あいついでイメージ・チェンジが行なわれてきた源頼朝、徳川家康、明智光秀なども、従来の感情や偏見というヴェールに包まれた真実をさらけだしたい意欲の現われだが、意欲にとらわれすぎると、もとの木阿弥《もくあみ》、またも感情や偏見に流され、判官びいきの二の舞を演じかねない。禄山に対する評価を覆す気は毛頭ないが、従来のものには人種的偏見と、反逆の二字が本来もっている倫理性の重み、裏返せば現体制を正統化する論理が、たえず底に潜んでいることは否定できない。視点を少しずらせば、それらの評価もつぎのように変わってしまう。互市牙郎、それにはやつぎばやに襲ってくる逆境にもめげず、孤独に耐えて生きる禄山の姿が浮かびあがる。残忍だという。荒漠たる大自然の懐深く、生まれながらに勇敢な戦士としてはぐくまれる遊牧社会。そこに少年時代をすごし、同族間の血で血を洗う痛ましくも哀しい体験をもち、なおかつ唐の防《さき》人《もり》となって遊牧民族との死闘にあけくれる。かれにとって残虐イコール生活である。むしろかれを非難する漢人こそ、文を尊び武を忌《い》むポーズをひけらかし、自らは手を血ぬらず「夷をもって夷を制する」独善さ狡猾さがあり、陰湿な残虐さがある。狡猾だという。早く父を失い義父、義兄弟にかしづき、一筋縄ではいかない商人相手の毎日では、他人の意表をすばやく見抜き、虚々実々のかけひきに勝つことこそが生命の糧《かて》につながる。狡猾さとか奸智とは頭脳明晰に通じ、語学力は才気渙発のあらわれという逆説《パラドックス》もなりたつ。反逆者と罵る。それは体制側の一方的な論理にすぎず、反乱ではなく民族闘争とも解釈でき、禄山自身もそのように考えていたふしさえある。

❖張守珪との出会い

禄山が、いつ唐の防人《さきもり》となったか手がかりはないが、七二三年（開元一一）、かれの運命を決定づけた人物に遭遇する。新たに范陽へ赴任した節度使の張守珪《ちょうしゅけい》である。かれは玄宗朝の名将で、吐蕃《チベット》と演じたシルクロード沿いの瓜州《かしゅう》争奪戦などで勇名をはせ、異民族にもっとも怖れられていた。瓜州の救援を命じられたときのこと、敗残兵をかり集め、ようやく瓜州を奪回したところへ、チベット軍の逆襲を受けた。城中あげて色を失っているのに備えもせず、悠然と城隍《じょうこう》に登り、やおら幕僚に嘯《うそぶ》いたものである。

衆寡敵せず、満身創痍《そうい》の軍では迎撃もかなうまい。ここは一つ、計略を用い機先を制せずばなるまいて。

城壁で盛大な酒宴をひらいた。管弦をかなで、これ見よがしのドンチャン騒ぎに、防備十分と錯覚したチベット軍が包囲をといて退却する。頃をみはからい城門を開き一斉攻撃に転じた。

大勝したのはいうまでもない。また砂漠にのぞみ雨量の少ない瓜州は、雪どけの水を引いて灌漑するのだが、その水道は無残にも破壊されてしまい、進退ここにきわまった。かれは乏しい木材をかき集め、またたく間に復旧したので、瓜州の民は記念碑を建て、かれの徳政をたたえた、という柔・剛かね備えた智将でもあった。

当時、北辺の幽州《ゆうしゅう》あたりは契丹《キタイ》民族の跳梁《ちょうりょう》に手を焼いていた。幽州、それは現在の北京界隈である。行政区画の沿革や地名の改廃があるので、燕《えん》、燕京、涿郡《たくぐん》、漁陽、幽都、薊州《けいしゅう》、范陽《はんよう》など、さまざまに呼ばれるが、唐代では幽州の名が普通に用いられ、天宝時代だけ范陽というのが正式の地名である。隋の煬帝《ようだい》や唐の太宗が、高句麗征伐のとき根拠地をここに置いているように、古くから朝鮮、満州、モンゴルを制扼《せいやく》する要衝である。契丹はモンゴル系の民族といわれ、高句麗、突厥、中国などの支配に苦しんだ。しかし玄宗のころ、営州にあった松漠都督の下から可突于《かとつう》という者が現われ、七三〇年（開元一八）に都督を殺し、部族をあげて突厥へはしった。唐の処遇に含むところがあったためだが、突厥では、かのビルゲ可汗の時代にあたり、唐とは平和な国交が保たれていたので、契丹は両国の関係にくさびを打ち込む魂胆であったと思われる。突厥はだが動かない。やむなく奚《けい》族をかたらい唐に侵入した。唐は大軍をさしむけ討伐を繰り返すが、指揮官に人をえず惨敗を喫するばかり。業を煮やした玄宗が、白羽の矢をたてたのが張守珪というわけであった。玄宗の思惑は的中する。かつて張守珪は幽州に転戦した経験もあり、契丹の事情に明るかったとみえて急遽、幽州へ赴任するや連戦連勝、敵を震えあがらせ、巧みに策をめぐらし内部分裂をさそい、可突于らの首級を闕下《けっか》に献上したのである。

❖寄らば大樹の蔭

ところで、新任の張守珪が大功をたてた裏には、禄山や史思明などのめざましい活躍があったらしい。『新唐書』と『事迹』には張守珪との出会いを次のようにおもしろく描いている。

張守珪が范陽節度使のとき、禄山は羊を盗み捕えられた。殴り殺される寸前、禄山は大声で叫んだ。

張将軍、奚や契丹を滅ぼすおつもりではないのか。なぜに壮士《それがし》を殺《あや》められるや‼

この言葉や容貌にただならぬ人物とみた張守珪は、罪を許し兵士に加え、のち捜捕隊長に抜擢《ばってき》した。禄山は平素から地形、水脈などにくわしい。あるときは、若干の兵を率いてパトロールにでかけ、数十人を生捕ってくる。張守珪はいよいよ傑物だと見込んで養子にし、かずかずの軍功をめで員外左騎将軍の肩書を加え、衙前《がぜん》討撃使にとりたてた。

羊を盗み云々は、司馬光が『通鑑考異』にもいうとおり、おもしろいわりに信憑性がない。むしろ張守珪が赴任したころには、禄山がかなりの地位についていたと推測できる史料さえある。

それは後で紹介する張九齢《ちょうきゅうれい》の文集（張江曲先生文集）にみえる「幽州節度使張守珪に勅するの書」である。この詔勅には、

安禄山は義勇の士であり武略は人に秀れている。将軍に人（張守珪）をうれば裨将《ひしょう》（禄山）もまた然り。……中略……冬を迎え寒気加わるおりから、貴官（はじめ）禄山ならびに諸将兵には、健康に留意されんことを。

と禄山を名指しで激賞するくだりがある。これは張守珪が幽州に転じた翌年末のものらしいので、すでに叡聞に達するような赫々《かくかく》たる武勲をたてていたことになる。張守珪が禄山を養子（親分、子分に近い）にしたのは確実のようであり、目先がきき地理に明るく語学に堪能、さらに驍勇《ぎょうゆう》という契丹作戦にはうってつけの禄山を懐柔するためであったろう。禄山も皇帝の信望は厚く、今をときめく張守珪にとり入っておけば、栄達も夢ではないと、ひたすら骨身を削って仕えたたと思われる。真偽のほどは保証のかぎりでないが、張守珪の意を迎えるため心を砕く、かれらしいエピソードを紹介しておこう。

張守珪は威風あたりを払う容姿の持ち主。禄山は容貌魁偉《かいい》、不恰好このうえもない男である。スタイリストの張守珪に嫌われまいと、美容のために満腹したことはなかった。またこのような話もある。張守珪の片方の足裏にほくろがあった。張守珪が禄山に足を洗わせるたびに、いわくあり気な様子で禄山はほくろをぬすみ見する。張守珪はそれに気づいていった。

このほくろは、わしが自慢の貴相じゃ。

貴様などにはあるまいといったつもりの張守珪に、禄山の平然とした答えがかえった。

わたしはいやしい雑胡でありますのに、なぜか将軍のようなほくろがございます。それも両方の足裏に紋様をえがいておりますが、今のいままで貴相とは存じませなんだ。

おそらく、この話も例によって禄山の狡猾ぶりや処世術を強調するためにデッチあげたものであろう。しかしこの作者の意図とはうらはらに、天下随一の弓取りさえしのぐ素質を備え、やがてはそうなるのだという自負心を、禄山に語らせているようで、おもしろい。ともかく智略にすぐれた張守珪に見込まれるには、なみたいていではない努力を重ねたであろう。それだけ報われるのも、また大きかった。将来へ飛翔するためのパスポートをつかんだにひとしかったことが、やがてはっきりする。このように禄山が際果ての地で醜怪な容姿にもめげず、それをカバーしてあまりある才覚と涙ぐましい努力によって、たくましくのしあがろうとしているころ、華《はな》の都長安では、はるか西方の蜀（四川）に生まれた一女性が天賦の美貌と、またとない幸運に恵まれながら、今まさに世紀のスポットライトを浴びようとしていたのである。

II

楊貴妃の登場

傾国の系譜

❖美女楊貴妃

川柳に「傾城《けいせい》の涙で倉の屋根が漏《も》り」というのがある。遊女におぼれたあげく、破産するありさまを風刺した句であろうが、元禄の色模様をえがいた江島其磧《えじまきせき》の『傾城色三味線』などでも知られるように、わが国では傾城、傾国を遊女の代名詞に使うのが普通である。もともと城を傾け国を傾ける絶世の美女を形容したものだけに、必ずといってよいほど、そこには男女の悲恋がともなう。この語源は漢の武帝のとき、宮中に仕えた芸能タレントの李延年《りえんねん》が、美貌の妹、のちの李夫人を武帝の側室にすすめる魂胆から、即興の詩をつくり、武帝にささげた歌にはじまる。

北の方に佳人あり、世に絶《すぐ》れて独り立つ
一度の顧《ながしめ》は人の城を傾け

二度の顧は人の国を傾く
城を傾け国を傾くとはよく知れど
あわれ佳人は、またと得難し

それから約七〇〇年ほどをへだて、玄宗と楊貴妃のロマンスに結びつけ「漢皇、色を重んじて傾国を思う」と詠《うた》った白楽天の長恨歌が現われるわけである。武帝の場合、李夫人への愛情が国を傾ける直接の原因ではなかった。またわが国では吉原の一〇代目高尾におぼれ、莫大な金を積んで落籍《ひか》せたあげく、大名にあるまじき仕儀なりと隠居を命ぜられた姫路藩主、榊原政《まさ》岑《みね》のような事件もある。けれども文字どおり城を傾け国の屋台骨をゆるがせた点では、楊貴妃こそ名実とも傾国にふさわしい女性であろう。

楊貴妃観音像　泉涌寺蔵

わが国でも女姓を標的とした、フェミニストが聞けば柳眉を逆立てそうな諺《ことわざ》さえある。中国でも、かの太公望呂尚が周の武王にむかい、盗人に一〇種類があり、「養女《むすめ》はなはだ多きは四の盗なり」（『六韜《りくとう》』）と語ったことや、後漢の陳蕃が「盗は五女あるの門を過《よぎ》らず、女は家を貧しくするが故に」といった話（『後漢書』）がある。莫大な結婚費用のため家産を傾けつくす無理もない面もあるが、富有な家庭でも現実に女児が生まれると遠くへ棄てることが平然と行なわれている（『顔氏家訓』）。にもかかわらず、世の親に女を生みたいとまで羨望させた楊貴妃とは、いったいどのような経歴の持ち主なのであろうか。

❖ナゾに包まれた出生

彼女は楊玉環《ようぎょくかん》といい、玄宗の開元六年（七一八）か翌年の生まれであることは、どの記録もほとんど一致しているが、その素姓や生いたちについては依然ナゾに包まれた部分が多い。晩唐のころに編纂された鄭処誨《ていしょかい》の『明皇雑録《めいこうざつろく》』とか北宋の楽史《がくし》の伝記小説『楊太真外伝』はまだしも、明の鄺露《こうろ》の『赤雅』には「姓は楊、名は玉奴、別名玉環、太真と号す」といい、一三か月も母の胎内にあったとか、清の胡鳳丹《こほうたん》が貴妃の終焉《しゅうえん》の地である馬嵬《ばかい》の地誌に、「貴妃が生まれたとき、左臂に玉環の紋様があり、環の上に太真の二字が浮きあがっていたので玉環と名づけられた」というなど、マユツバもいいところである。『梧州《ごしゅう》府志』には清の汪森《おうしん》の『粤西叢《えつせいそう》載《さい》』を引いて、つぎのように紹介する。「貴妃は容州雲凌《うんりょう》里《り》の人、早く父母を失い貧乏であった。一三か月も胎内にあり、生まれたときは異香が部屋にただよい、胞胎は蓮花のようであった。三日のあいだ目が開かず、母は神人が手で目を拭っているのを夢みた。肌はあくまで白く玉肌で、この世のものとは思われぬ容貌であった。下級官吏の楊康が金で養女に迎えたが、長吏の楊玄琰《ようげんえん》が噂を聞き妻といっしょに貴妃に会い、『自分の娘ははるかに及ばない』と楊康を脅迫し、倍の金帛《きんぱく》を支払い無理に養女とした」と。エスカレートしていくフィクションの性格を代弁するものといえる。

これも彼女の前半生が曖昧模糊《あいまいもこ》としているためであり、歴史上の人物には必ずといってよいほどつきまとう現象である。そこで絶対とみられる史料はないが、彼女の素姓を洗いなおしてみよう。

❖二人の父

『旧唐書』の楊貴妃伝には、幼いとき蜀州司戸参軍であった父の楊玄琰を失い、河南府の士曹参軍であった叔父の楊玄璬《ようげんきょう》に養育されたという。けれども『新唐書』には楊玄璬の名はみえないし、また両書とも貴妃が玄宗に迎えられたあと、楊玄琰には太尉・斉国公を、叔父の楊玄珪《ようげんけい》には光禄卿が贈られたことにふれながら、肝心の楊玄璬にはなんの沙汰があったとも記されていない。ところが『唐大詔令集』に収録する開元二三年一二月付の「封冊文」には「河南府士曹参軍楊玄璬長女」と明記されているのである。この文は彼女が玄宗の第一八男、寿王の妃に選ばれたときのものであり、「封冊文」の性格にもよるが信憑性は高いのである。では楊玄璬が父か、それとも楊玄琰なのか。

『開元天宝遺事』も楊玄琰を父としているが、かりに楊玄琰の娘だとしよう。彼女には美貌の姉が三人おり、『新唐書』の楊国忠伝によると、蜀に従軍した楊国忠が貴妃一家の面倒をみているあいだに、二番目の姉とわりない関係におちた話がみえるので、楊玄琰なきあとも、姉三人は母と蜀にとどまり、末娘の貴妃だけが河南にいた楊玄璬にひきとられたことになる。では「封冊文」はなぜ楊玄璬の長女とし、楊玄琰の四女としなかったのか。逆に「封冊文」には楊玄璬の長女とあるのに、官位は楊玄琰と楊玄珪だけに贈り楊玄璬を黙殺したのか。清の学者朱彝尊《しゅいそん》(曝書亭集《ばくしょていしゅう》)と呉省欽《ごしょうきん》(白華集)はこの疑問について、おもしろい謎解きを教えている。かれらは「封冊文」を重くみ、貴妃は楊玄璬の長女であるが、玄宗が寿王から奪って後宮に迎えるとき、さすがに外聞をはばかり、あたかも別人らしくみせかけるために、楊玄琰の末娘へくらがえさせたと断定する。つまり玄宗が世間を欺くために施した小細工を、『新・旧唐書』はそのまま採録したと考えるわけである。玄宗は貴妃を奪うにあたり、彼女を女冠(道教の尼)に仕立て、ワンークッションをおき世間体をつくろっているので、この発想はまちがっていない。

これに対し岡本午一氏はまことに奇抜な説をたてられている。貴妃が生まれる前年に死んだ同名異人の楊玄琰が『旧唐書』の列伝中にみえる。この人物は貴妃の本籍地にほど近い地方の出身であり、先祖は貴妃と同じ漢の楊震《ようしん》である。貴妃が豊満な肉体をもち、彫《ほり》の深い中国人ばなれのした端整な顔立ち、また芳香を放つ汗（ワキガ）を流し南方産の茘支《れいし》を好んだ話は有名であるが、その楊玄琰も、鬚もじゃのエキゾチックな風貌であるなど、貴妃と似かよった点が多い。あれこれ総合すれば、貴妃はもともとインドシナ系の血をひく名もない家に生まれた。寿王妃に迎えられたとき、家柄をつくろうため、貴妃が生まれる直前に死んだ、あかの他人の楊玄琰をもってきて、仮空の父親に仕立てあげた、というのである（「楊貴妃の素姓について」）。おもしろいわりに、やや奇抜すぎる感じがする。

❖王妃の資格

　南北朝以後、中国へ移住した異民族は多く、漢民族との混血がさかんに行なわれ、とくに玄宗のころは、異国趣味が横溢《おういつ》した時代であった（向達「唐代長安与西域文明」、石田幹之助「長安の春」）。宮廷の舞楽をみても西涼伎、高麗伎、亀茲《クッチャ》伎、安国《ブカラ》伎、踈勒《カシュガル》伎、高昌《カラシャール》伎、康国《サマルカンド》伎など、その傾向を物語っており、貴妃の容姿から判断して異民族の血が流れている可能性は十分ある。げんに漢の楊震を先祖にまつりあげる楊姓の家系には、隋の皇室がそうであるように純粋の漢人ではないものが、かなり存在するのである。だからといって、貴妃が楊玄琰の娘ではなく、どこの馬の骨かわからないと簡単に片づけるわけにはいかない。

　このころ側室はともかく、皇子の正妃には良家の娘を選ぶのが原則となっている。良家というのは祖父母、父母、当人の三世代以上にわたって犯罪者、医者、巫、工、商、賤民の者を出さない無疵の、官吏となる資格のある家柄と解釈されるから（片倉穰「漢唐間における良家の一解釈」）、皇子の正妃に選ばれた貴妃も、やはり良家の娘であったと考えざるをえない。なかんずく貴妃を迎えたころの寿王は、あとでふれるように、あまたの皇子中、玄宗の寵愛を一身にあび、皇太子の第一候補であった。今をときめく寿王が血統もさだかでない女を正妃に迎えるとは考えられないことである。また別人を仮空の父に仕立てたのも、通譜つまり家系を剽窃《ひょうせつ》するなど日常茶飯事の時代であるから、ありうることではある。しかし楊玄琰には貴妃のほか楊《よう》銛《せん》と三人の娘があり、弟の楊玄珪も存命しているほか、別人の楊玄琰にもはっきりした息子があり、もし仮託したならば複雑な問題がおこる。わずか数百の姓しかない中国では、自己紹介には必ず郷貫を添える習慣があるほど同姓同名は珍しくもなく、偶然、正史の列伝に同時代の楊玄琰がみえるからといって、それに仮託したと解釈する必要はない。

❖楊氏の家系

今、根本史料の一つ『新唐書』宰相世系表をもとに貴妃の家系を紹介すると、次表のとおりである。史料の乱脈ぶりは目を覆うばかりだが、一方には天宝十二載、玄宗が楊国忠の父　楊《よう》珣《じゅん》のために健筆をふるった碑文が残っており、（『金石萃編』）楊志謙は楊国忠の祖父、つまり

宰相世系表（実録　元和姓纂）

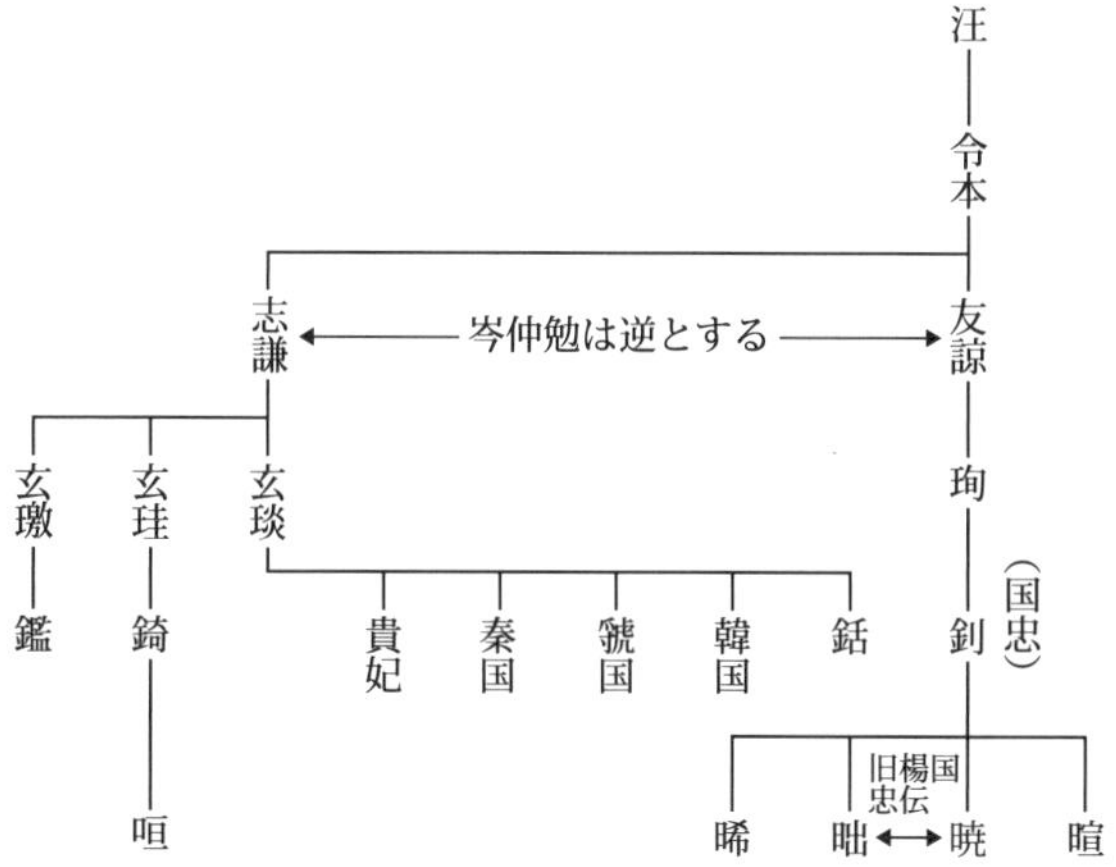

●**楊銛を貴妃の兄とするもの**
1『旧唐書』楊国忠伝
2『新唐書』楊国忠伝
3李邕「清涼寺碑」
4『唐歴』
5『楊太真外伝』
6岑仲勉『唐史余瀋』は、「玄琰に子なく兄弟の子を養子としたのだ」という。

●**楊銛と楊錡を再従兄とするもの**
1『旧唐書』楊貴妃伝

●**『新唐書』楊貴妃伝は、楊銛、楊錡楊国忠をすべて宗兄であらわす**

●**楊鑑を弟とするもの**
1『旧唐書』楊貴妃伝

●**楊国忠を従祖兄とするもの**
1『旧唐書』楊貴妃伝
2『通鑑』
3『新唐書』楊国忠伝
4『楊太真外伝』

貴妃と楊国忠は従兄妹《いとこ》どうしの関係だといっている。清朝の考証家たちもいろいろ憶説をだしており、碑文を重視すべきだという者も多く（『金石録』『金石萃編』など）、『扶風県志』も楊珣と楊玄琰を兄弟としているほどである。なまの碑文を一等史料にあげるのが常識には違いないが、それも碑文の性格にもよるわけで、碑文にもなんらかの作為が働いていないともかぎらない。げんに、楊珣の碑は立身出世のため楊国忠が貴妃を利用する下心で故意に貴妃の従

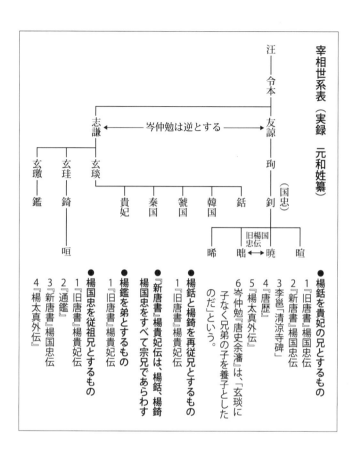

兄におさまったという意見（王鳴盛『十七史商榷』同『蛾術編』）さえあるのだから。そこで系図をもう一度みていただきたい。碑文どおりだとすれば楊志謙の息子は名前の上に玄の一字をもつのに、兄弟であるはずの楊珣にはなぜそれがないのか。中国では兄弟、従兄弟のように同一ジェネレーションは共通の字か同義語《シノニム》あるいは同系統の字を用いるのが普通である（輩行）。たとえば金ヘンの釗《しょう》、銛《せん》、錡《き》、鑑《かん》、つぎの日ヘンによる暄《けん》、曉《ぎょう》、昢《はい》、晞《き》、晅《えん》がそれである。楊珣と楊玄琰などが兄弟であれば玉ヘンに統一されているとはいえ、他の三人が共有する玄の字があるべきではないかと思われる。

❖おいたち

筆者は「封冊文」をなんの小細工も必要でなかった史料として注目したい。ただ朱彝尊などのように玄璬の実子とみるのではなく、他の史料がすべて養女とする点を大切に扱い、楊玄琰の末娘に生まれ、父なきあと玄璬の長女として養われているうちに、天性の美貌を買われて寿王妃に選ばれた。のち玄宗が召しだすとき、世間の目をくらますため、楊玄琰を実父と発表し養父を抹殺したのだと。この養父抹殺説は前にふれたように十分に成り立つ理由があり、また楊玄琰の息子楊銛を貴妃の兄、あるいは従兄、宗兄とし、楊玄璬の子楊鑑を貴妃の弟と書いた理由なども、あわせて解決できる。なぜなら、楊銛が兄であるとする史料は圧倒的に多いうえに、玄宗との埒《らち》もない痴話喧嘩の果てに宿下がりを命ぜられた貴妃が、楊銛のもとに身を寄せている事実は、かれがもっとも身近な人物＝実兄であった証拠であろう。宗兄とか従兄など、まちまちの表現がなされたのは、時には実家を、あるときは養子先を、さらに総括的な立場で記したとみれば、すべての疑問が氷解するのである。

さても、まえに紹介した明の鄺露《こうろ》が広西地方の見聞を集めた『赤雅《せきが》』に、容州の雲凌里《うんりょうり》には楊妃井があり、井戸の底にはかぐわしい草が密生し、水は清冷で飲めば容姿が美しくなるといい伝えられる話を紹介している。やはり明代に書かれた郎瑛《ろうえい》の『七修類藁《しちしゅうるいこう》』にも、ほぼ同じような話がみえる。これらは楊玄璬の養女となったことや、氏なくして乗る玉の輿への、ひそかな民衆の願望から生みだされたものであろう。『大清一統志』に成都に楊妃池があり、貴妃が誤って墜ちたことに由来する名だと伝えているのも、小野小町にまつわる伝説のかずかずが生まれ、また宮本武蔵の墓がならびたつのと同様である。これら付会の説にまどわされてはならないが、根本史料とみられるものにさえ作為が加えられ曲筆がなされているのは、歴史研究に絶えず仕掛けられる恐るべき罠であり、雪におおわれたクレパスなのである。

『通鑑』のように一個人の撰述によるものはともかく、複数の手になったものは、よほど校合しないと不統一になる危険がある。『新・旧唐書』などは、まったくそのサンプルといってよく、また不統一にならざるをえないほど、楊貴妃の素姓には当時でもさまざまな説が流布していたことを知るよすがとなる。私はやはり『封冊文』や楊銛を兄とする李邕の『清涼寺碑』などを重視したいと思う。

寿王妃

❖後宮の美女三千

　実父の官である司戸参軍は州や府に置かれて、戸籍、計帳、道路、逆旅《はたご》などを担当する。養父の士曹参軍も武官の選抜や登用、兵甲、器仗、城門の管籥《かぎ》、烽候《のろし》、駅伝をつかさどる。両者ともたかだか七品程度の官であって、曾祖父が金州刺吏（正四品下）であるのを除けば、彼女の家系にはこれといった地位の者はなく、たいした家柄ではない。その彼女が今をときめく天下人の妃におさまるとは、まことに氏なくして玉の輿に乗ったわけであるが、それにふれる前に、先夫寿王とその生母武恵妃のことを述べておく必要があろう。

　驚くなかれ、玄宗は男三〇、女二九、計五九名の子だくさんである。さすが唐二〇代のトップで二代太宗の三五名がこれにつづいている。皇子の処遇もたいへんだが皇帝にとってもっとも頭痛のたねは皇太子問題であった。嫡子相続がたてまえとはいうものの、それほどスムーズに運ばない。すでに初代高祖のとき、皇位継承をめぐる骨肉の争いがおこり、同腹の兄と弟を倒して立ったのが太宗という前歴がある。それ以後、兄をさしおき位についた玄宗まで、原則どおり継承されたことは一度もない。いわば皇子の誰もが皇帝の有資格者、機会に恵まれ父帝の感情いかんでは絶対者となれるわけである。ここに血で血を洗う事件が勃発し、生母や権勢欲に蠢《うご》めく外戚、官僚がからみあい、醜くも激しい暗闘がくりひろげられる原因がある。

唐の後宮制度は隋のものを継承して皇后のほか、側室には貴妃、淑妃、徳妃、賢妃の四夫人、その下に昭儀、昭容、昭媛、脩儀、脩容、脩媛、充儀、充容、充媛の九嬪、さらに婕妤《しょうよ》、美人、才人が各九人ずつ、宝林、御女、采女各二七人の順にならんでいる。もちろん他に、おびただしい宮女が仕えているわけである。玄宗は即位の直後、乱れに乱れた先代の弊《へい》にかんがみ、後宮の改革にも手を染め、女官の削減をはかった。けれども逸楽におぼれると、またぞろ昔にまさる姿にもどし、文字どおり後宮の美女三千と詠《うた》われるハーレムを造りあげた。このような玄宗に嫡子が生まれなかったのも皮肉というほかはない。

❖王皇后の失脚

三代高宗の皇后王氏は子どもがなく、側室の武氏つまり玄宗の祖母則天におとしいれられ、悲惨な最期を遂げたが、玄宗の皇后王氏も同じような運命に見舞われている。玄宗が臨淄《りんし》郡王のとき輿《こし》入れした彼女は、まったくの石女《うまずめ》であった。「三年にして子無きは去る」、有名な七出（離婚の七条件）ではないが、子孫の繁栄をはかり祖先の祭祀を絶やさぬことが最高の孝であり、婦人の鑑《かがみ》であった社会のこと、万民の母と仰がれ、身をもって範を垂れるべき皇后の立場上、これではしめしがつかない。ことに皇帝の寵愛がほかに移っては、地位さえ微妙になってくる。彼女が危懼《きぐ》の念をいだくのも無理はなく、ときにヒステリーをおこし顰蹙《ひんしゅく》を買ったこともあったらしい。『南部新書』には、そうしたある日、王皇后が玄宗に向かい、

三郎（玄宗）よ、妾《わたし》が新しい紫の半臂を脱いで一斗の麪にかえ、三郎の誕生日に煎餅をこさえて差し上げた昔を、お忘れか。

となじったところ、玄宗は悚憫《そくびん》の情にかられ戚然とした面持ちであった話がみえる。即位するまで苦境のどん底にあえいだからだが、かいがいしく夫を支えた自分を忘れないでほしい。七出とは逆な三不去（離婚できない三条件）の一つに、「貧困の時に嫁ぎ、のち富貴になった者」というのがあるではないか、そう彼女はいいたかったのであろう。

王皇后の不安は現実となった。玄宗は重臣の一人に皇后更迭の相談をもちかけた。ところが、その重臣が皇后の妹婿にうっかりもらしたからたまらない。秘密漏洩の罪で殺され、一族もおおかた処刑された。けれども事件はこれで落着したのではない。玄宗に廃立の意志があるとしらされ、焦燥にかられるあまり、皇后はあやしげな僧を迎え祈禱させたのが仇《あだ》となった。南北

の斗《ほし》を祭り天と地の字、それに玄宗の名である隆基を刻みこんだ霹靂木《へきれきぼく》をくり合わせ呪文を唱えたという。天と地は陰陽つまり夫婦、男女である。霹靂木をそれぞれ合わせたのは、玄宗との交合による子授けの祈禱《きとう》であったことがわかる。この悲しくも哀れな王皇后のあがきも、刑法に照らせば不道の罪にあたる。『唐律疏議《とうりつそぎ》』をみれば、

若《も》し祖父母、父母および主人に、ひたすら愛媚を求めて厭呪《えんじゅ》した者は、流二千里に処し、乗輿《てんし》にかかわる者は、皆斬刑に処す。

という規定がみえる。王皇后の場合、相手が皇帝であるからには斬刑もいたしかたはないが、幸いに死一等を減じ地位を剝奪されたにとどまった。ただ心痛のためか事件後わずか三月で、寂しくこの世を去っている。時に七二四年（開元一二）のことであった。

この秘密の祈禱がどこからともなくもれ、また、

霊験あらたかに身ごもり、則天武后に比肩できる身となれますように。

そう祈った呪文まで、まことしやかに伝えられていることをあわせ考えれば、事件の裏に皇后の失脚をねらい暗躍した者があったのではないか、とすぐ疑問がわく。よく下の面倒をみ、死後も女官たちに慕われつづけた王皇后の人柄や、玄宗にひたすら仕えてきた彼女の貞淑さぶりをみれば、唐室から位を奪った則天武后をまねたいなど、ただ子種ほしさの犯罪にしては不釣合いな言動としか受け取れないからである。そのかげにうごめく人物こそ、ほかならぬ武恵妃

であった。

❖武恵妃の執念

武恵妃は則天武后の従兄の娘で、幼いころから宮中で育てられた。勝気な性分や陰険さは則天によく似ていたといわれる。美貌によって玄宗の寵愛をうけ、あいついで、子どもをもうけている。二男一女は嬰児《みどりご》のまま死んだが、第一八皇子寿王李瑁《りぼう》、第二一皇子盛王李琦《りき》、第二二皇女咸宜《かんぎ》、さらに楊貴妃の従兄楊錡《ようき》に降嫁した第二六皇女太華を生んだ。側室の身で四男三女に恵まれるとはたいへん珍しく、それだけに玄宗の溺愛《できあい》ぶりがわかろう。『通鑑』は彼女がかねがね王皇后にかわる下心をいだいていたと書いている。これは皇后廃立の直後、とくに恵妃の号を賜い宮中の儀礼や秩禄は、もっぱら皇后に相当する扱いとなったことや、彼女が皇太子問題でみせた手口からみて、陰謀の立役者であったのはまずまちがいあるまい。ただ、奸策をめぐらし、ひたすら渇望してやまなかった皇后の位も、最後までものにできず、無念の涙を飲むのである。彼女の死後に発せられた詔勅には「正位（皇后位）を加えんとしたが、そのつど固辞して受けなかった」ように書かれているが、事実はまったく逆なのである。王皇后が失脚した二年後、彼女の懇望によって玄宗が皇后へ昇格する腹をきめたところ、官僚から強硬なクレームがついたからである。

大明宮麟徳殿跡

『礼記』に「父母の讎《あだ》は共に天を戴《いただ》くべからず」、『春秋公羊伝』に「子にして父の讎を復《うた》ざる者は子ならず」とあります。昔、斉の襄公は九世の讎をうち、丁蘭は木母の怨みを雪《そそ》ぎました。しかるに武妃を国母《こうごう》に即《つ》けようとされる陛下は、なんの顔《かんばせ》あって天下の人に見《まみ》えるおつもりか。天下のもの笑いの種となりましょう。なぜなら武妃の再従叔である武三思、再従父の武延秀などは国の綱紀を犯し人倫を乱し、皇位を覗《うかが》ったいわゆる「豺狼穴を同じくし、梟獍《きょうけい》林を共にした」不共戴天の輩。かつ匹夫匹婦でさえ婚姻するには相手をよく択ぶもの。いわんや一天万乗の君であらせられますぞ。なにとぞ古今成敗のさまを御詳覧あって、華族で礼にかなう家の娘を選び、神祇にそむかず万民の期待に沿われますよう（『唐会要』）。

玄宗朝ののち、楊氏一門の専横が諫誡《いましめ》の好材料となったように、玄宗朝では武氏一族が引き合いにだされる。それほど武氏の痕跡が鮮明に残っていた証拠であるが、この横槍も要するに簒奪《さんだつ》者の血筋を皇后にたてるのは人倫にもとる。まして武恵妃がたてば腹違いの皇太子は苦境におち、政道が乱れる危険があるというのである。玄宗もやむなく断念したが、かくて七二五年（開元一三）から退位までの三〇年あまり、皇后不在という珍現象がおこる。それは武恵妃につづいて楊貴妃を盲愛したためなのである。

ともかく武恵妃の宿願は実らなかった。けれども、このまま引き下がる彼女ではなく、すぐさま皇太子を蹴落とし実子の寿王をたてる陰謀にスイッチした。嫡子のない玄宗は七一五年（開元三）に第二皇子の李瑛《りえい》を皇太子にたてている。生母は趙麗妃といい、玄宗が潞州《ろしゅう》へ赴任中に見染めた伎女で、才婉の誉れ高く歌舞音曲にすぐれていた。だいたい皇子に対する皇帝の処遇は、生母への情愛に左右されるものらしく、第一皇子がさしおかれたのも趙麗妃が当時絶頂期にあったためである。一方の寿王は同腹の兄二人、姉一人があいついで夭折《ようせつ》したので、縁起をかついだ玄宗が、十数年ものあいだ兄の寧王にあずけた身の上であった。玄宗の情愛が格別であったのもうなずけるが、果たせなかったわが夢を息子に託した武恵妃の、すさまじいまでの執念も哀れなら、矢面に立たされる寿王、そして皇太子も、はなはだ迷惑千万な話である。

❖皇太子廃立の陰謀

悲劇の幕は七三六年（開元二四）に切っておとされる。けれども皇后位を断念した直後から一〇年あまり、皇太子に対する讒言《ざんげん》、中傷は陰に陽に繰り返されたようである。玄宗の気持ちが武恵妃母子へ傾き、執拗な攻撃にさらされては忍耐にも限度があり、皇太子はときおり鄂《がく》王や光王らとひそかに出会っていた。かれらも生母ともども玄宗に疎《うと》んぜられ、武恵妃母子に嫉妬とも羨望ともつかぬ想いをいだいている。同病あい憐れむといおうか、会えば愚痴の一つもこぼし、たがいに欝憤をはらしていたらしい。ところが三人にわずかに残された楽しいこの秘《ひめ》事《ごと》が、不運にもうの目たかの目で動静を探っていた武恵妃の女婿にキャッチされた。願ってもないチャンスである。報告をうけた武恵妃は、さっそく玄宗に泣いて訴えた。

皇太子らはひそかに徒党をくみ、妾どもを殺害しようと企《たくら》み、また陛下の悪口雑言を申しておるとか。

烈火のように怒った玄宗は、すぐさま宰相の張九齢《ちょうきゅうれい》に皇太子の廃立を命じた。

陛下が践祚《そくい》なされてこのかた三〇年になんなんと致しますが、皇太子らは宮中を離れず、つねに御聖訓を仰ぎ、天下万民は陛下の御世の、そして御子孫の弥栄《いやさかえ》を慶賀しております。ご三方は今や立派に成人なされ、過失あるとは聞きませぬのに、陛下は讒言に惑《まど》い感情のおもむくまま、なぜに廃立なされますのか。かつ皇太子は国家の礎《いしずえ》であれば、かるがるしく更迭はできませせぬ。昔（戦国）晋の献公は驪妃《れいひ》の讒言をいれて太子の申生を殺し、三代にわたる大乱を招きました。漢の武帝は江充の誣告《ぶこく》を信じ戻太子《れいたいし》を罪におとし、都は流血に見舞われ、晋の恵帝は賈后《かごう》の謗《そし》りに迷い愍懐太子《びんかいたいし》を廃したため、中原は塗炭の苦痛を味わい、隋の文帝も独孤皇后の中傷をきき、太子楊勇を退ぞけ煬帝《ようだい》をたてたため、ついに天下を失いました。このように眺めてまいりますれば廃立は慎まねばなりませぬ。是非にと申されようとも、それがしは御命令を奉ずる気は毛頭ございませぬ。

張九齢の強硬な反対に出鼻をくじかれ、玄宗もしぶしぶ同意せざるをえなかった。一歩を誤れば勘気をこうむり身の破滅を招く。危険をかえりみず、玄宗に盾ついた張九齢の立場は、政道を貫くという一徹な信念、皇帝の非を諫める臣下の道をまっとうする責任感の発露ではある。けれども、それだけではけっしてない。じつは武恵妃を背後から操る恐るべき政敵のあることを見抜き、皇太子問題は、自分とその黒幕との存亡をかけた闘いであると承知していたからに違いない。恐るべき政敵とは、かれと宰相のポストを分かちあう李林甫《りりんぽ》である。

❖李林甫と張九齢の対立

李林甫は高祖の従父弟の曽孫、つまり玄宗の遠籍にあたり、一族には有力な官僚も多く、科挙の試験をへず恩恵によって任官した。「口に蜜あり腹に剣あり」、「柔佞《じゅうねい》にして狡数《こうすう》多し」など、さまざまのレッテルをはられ、唐代屈指の奸臣という悪名高い人物である。腹黒く奸智にたけるかれは出世の手づるを武恵妃に求め、彼女の急所である寿王推戴に骨身を惜しまないことを誓い、ギブ＝アンド＝テイクの密約をとりかわした。その甲斐あって、またたく間に頭角を現わし七三四年（開元二二）には、幕閣につらなったのである。だいたい、張九齢は科挙出身で儒教的な理想家肌、悪くいえば融通性に乏しく時代の流れに順応できないコチコチの学者タイプ。李林甫は無学文盲に近い反面、ことを見るに敏、身の処しかたは変幻自在という現実派である。この相反する性格の両者がうまくかみあうはずはない。文学的素養が重んじられた時代を反映して、その面では第一流と自他ともに許す張九齢は、ただ父祖の七光で官界にはいった李林甫をさげすみ、かつて李林甫を宰相にともらした玄宗にむかい、無学なかれを任用すれば社稷《しゃしょく》の憂を招くとまで極言している。コンプレックスをいだく李林甫は、逆に家柄も政治感覚もない、この唐変木めという腹があり、ことごとに反発する。両者の対立を二人にくみした官僚たちの経歴を分析し、門閥貴族の官僚（李林甫派）と科挙官僚（張九齢派）の派閥争いだとみる説もある（プーリ＝ブランク「安史の乱の政治的背景」）が、建国以来のいわゆる祖法を護持する理想（保守）的立場と、時代の変化に即応する現実（革新）的政治感覚の違いに帰すことができるようである。玄宗がこの両人に中間派とみられる裴耀卿《はいようけい》を加えたのも、両派の溝を埋める苦肉の策であったと思われる。けれども玄宗の思惑ははずれ、皇太子問題をめぐり両者の対立は頂点に達したのである。

❖武恵妃死す

沙汰やみとなっていた皇太子廃立の件は翌年に再燃する。張九齢がすでに李林甫の奸策にはまり荊州《けいしゅう》へ貶謫《へんたく》された後とあっては、誰一人として李林甫に敢然と立ち向かう者もなく、皇太子は孤立無援のまま破局を迎えねばならなかった。まったく身に覚えのない謀反の罪をきせられ、前記の二皇子とともに宗籍を剥奪され、あげくに殺害されてしまう。ここまでは武恵妃、李林甫のペースで進んだものの、だが寿王の冊立《さくりつ》は筋書どおりには運ばなかった。

七三八年（開元二六）の六月に発表された新皇太子は忠王李璵《りよ》、のちの粛宗であった。史料には忠王か寿王か決しかねていた玄宗に、信任の厚い宦官高力士《かんがんこうりきし》が、年長の忠王をたてるよう進言したからだという。けれども最大の理由は、寿王を冊立する必要がなくなったためであろう。それは、さしも寵愛をほしいままにした武恵妃が天命には勝てず、前太子が殺された年の一二月、寿王推戴を念じながら薨《みまか》ったからである。武恵妃が存命中ならいざしらず、強力な李林甫のバックアップがあろうと、寿王である必要はもはやない。むしろ李林甫の権勢を削《そ》ぐためにも寿王を阻止せねばならない。高力士は状況の変化をすばやく察知し、このふくみをもって玄宗の決断を促したと考えられる。かれが李林甫の専横を心よからず思っていたのは、まちがいないのだから。

武恵妃の野望は、またもや挫折し、忠王の冊立で事件は落着したわけである。奇《く》しくも武恵妃が則天武后の父方であるのに対し、忠王の母楊氏は、則天の母方であった。忠王は器量人であり、学問を好み人望が厚かったといわれる。のち安史の乱中に即位し、寝食を忘れて事態の収拾にあたり、回天の業なかばで斃《たお》れたため、同情が寄せられた点も見逃せないが、忠王に与えられた高い評価を逆にとれば、対抗馬の寿王が平凡な、あまりできのよくない人物であったかともかんぐられる。

❖寿王妃楊玉環

さて話はふりだしにもどる。楊玉環が、寿王の妃に選ばれたのは七三五年（開元二三）一二月、わが聖武天皇の天平七年のことである。ちょうど李林甫が宰相に列せられ、全盛を誇る武恵妃と提携し、かたや張九齢と火花を散らしながら、寿王推戴に死力を尽くしていたときであった。どのような経緯があったのか不明だが、おそらく、今をときめく武恵妃や李林甫の機嫌をとりむすび、寿王の周辺の次期皇太子、さらに皇帝への可能性を見越し、「奇貨、居《か》うべし」とばかりに、先物買いの輩がわれ先に妃の候補者を探しまわったに違いない。さきに筆者が楊玉環を氏素姓のさだかでない女性とみる説を否定したのも、常識的にみて玄宗第一の寵児である寿王の正妃を推挙する者が、いかに才色兼美とはいっても、どこの馬の骨ともわからぬ女性を持ち込む道理はなく、また人一倍、家系を誇り、さらに寿王を次期皇太子となしうるか否かの瀬戸際であった武恵妃らが、成功した暁には皇太子妃、そして皇后となるであろう寿王妃に、そのような女性を選ぶことは、まずないと考えたからでもある。

さきに紹介した「冊寿王楊妃文」は、このときに起草されたものである。

誕鍾《ようし》は粋美《うるわし》く、含章《きょうよう》は秀出たり。固《もと》より、よく徽範《よきのり》は夙《つと》に成り、柔明《つまのとく》は自ら遠《はるけ》く、修明《えいち》は内に湛《みなぎ》り、淑問《ほまれ》は外に昭《あきら》かなり。

といった美辞麗句が連ねられ、

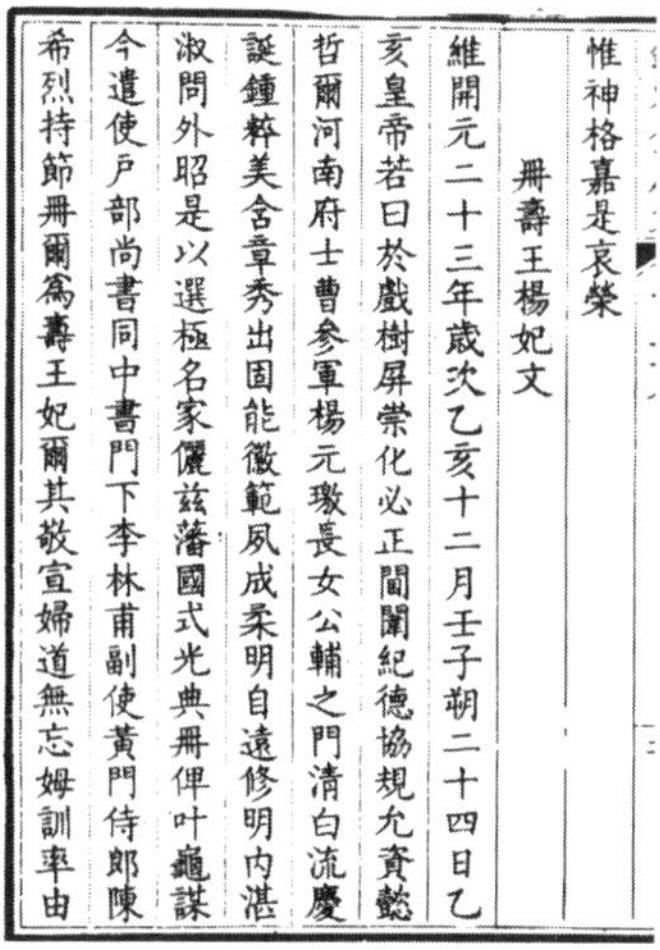
惟神格嘉是哀榮
冊壽王楊妃文
維開元二十三年歳次乙亥十二月壬子朔二十四日乙
亥皇帝若曰於戲樹屏崇化必正閨闈紀德協規允資懿
哲爾河南府士曹參軍楊元璬長女公輔之門清白流慶
誕鍾粹美含章秀出固能徽範夙成柔明自遠修明內湛
淑問外昭是以選極名家儷茲藩國式光典冊俾叶龜謀
今遣使戶部尚書同中書門下李林甫副使黃門侍郎陳
希烈持節冊爾爲壽王妃爾其敬宣婦道無忘姆訓率由

冊寿王楊妃文

それ敬《うやうや》しく婦道を宣《の》べ、姆訓《しのおしえ》を忘るる無く、おおむね孝敬に由《したが》い、永《とこし》えに家邦を固むること、慎《つつし》まざるべけんや。

で結ばれている。二夫にまみえない婦道どころか、忌《いま》わしくも夫の父に鞍替えしたあげく、天下を震憾《しんかん》させ、非業の最期をとげ名を万代に伝える発端になろうとは、彼女自身も夢想だにしなかったはずである。ときに、芳紀まさに一七歳、寿王は二二歳の冬であった。

Ⅲ

暗雲ひろがる

生か死か

❖策士、策におぼる

楊玉環が寿王妃におさまったころ、安禄山の身辺はどうであったか。『事迹』はつぎのようにいう。

開元二一年、張守珪は禄山に命じ、都へ報告におもむかせた。ときに中書令であった張九齢は侍中の裴光庭《はいこうてい》に「幽州を乱す者は、この男にちがいない」ともらした。

裴光庭はこの年の三月に死に、張守珪はまだ幽州に赴任しておらず、また、張九齢が中書令となったのは翌年の五月であるから、この話が信憑されないのも当然である。けれども史料では一、二、三の字の脱落、誤写が多いのはよくあること。裴光庭はこの年に死んだが、張九齢が中書令になるのと同時に侍中に就任した裴耀卿《はいようけい》がおり、李林甫を加えた三人が宰相職であったことは前にふれた。一方、地方官は事あるごとに使者を派遣して中央に報告する義務がある。

張守珪がお気に入りの禄山を奏事官にあてたとしても不思議はない。注目したいのは開元二二年、張守珪が、キタイの酋長屈烈と可突于の首級を闕下に献上していることで、おそらく、その戦勝報告の使者に禄山が加えられ、中央との顔つなぎの配慮から張守珪が派遣したのであろう。このとき、なみはずれた人相風体をみて、油断のならない男と感じた張九齢が、裴侍中（裴耀卿）に語ったとあったのを、二一年に書き誤ったため、裴侍中＝裴光庭としてしまったのだとすれば、万事解決するのである。日中交渉史でいえば、遣唐使多治比広成《たじひのひろなり》、副使の吉備真備に唐招提寺を創建した鑑真《がんじん》召聘《しょうへい》のため栄叡《ようえい》らが随行した翌年、広成らと帰国するよう願いでた阿倍仲麻呂が、玄宗にひきとめられた年にあたる。

それから二年後、禄山の身辺に大事件がもちあがった。張守珪の副官にのしあがった禄山がキタイ掃討戦に大敗を喫したのである。肉弾あいうつ白兵戦では、とくに戦略の優劣が勝敗を分かちやすい。たび重なる戦勝に気をよくし、術策におぼれ、敵をあなどり、まんまと罠にはまってしまった。敗軍の罪は重く、張守珪もやむなく斬刑に処せられるよう中央に裁断を仰いだ。ここらは史料が錯綜してわかりにくいが、都合よくなまの史料が残っている。それは他ならぬ張九齢の『曲江張先生文集』に収められる張守珪や将兵にあてた玄宗の書翰三通である。清の趙翼も名著『廿二史劄記《さつき》』にわざわざ「安禄山執送京師之事」という一項をたて、事実か否かを論じているが、この文集をみていなかったためらしい。張守珪にあてた一通には、「安禄

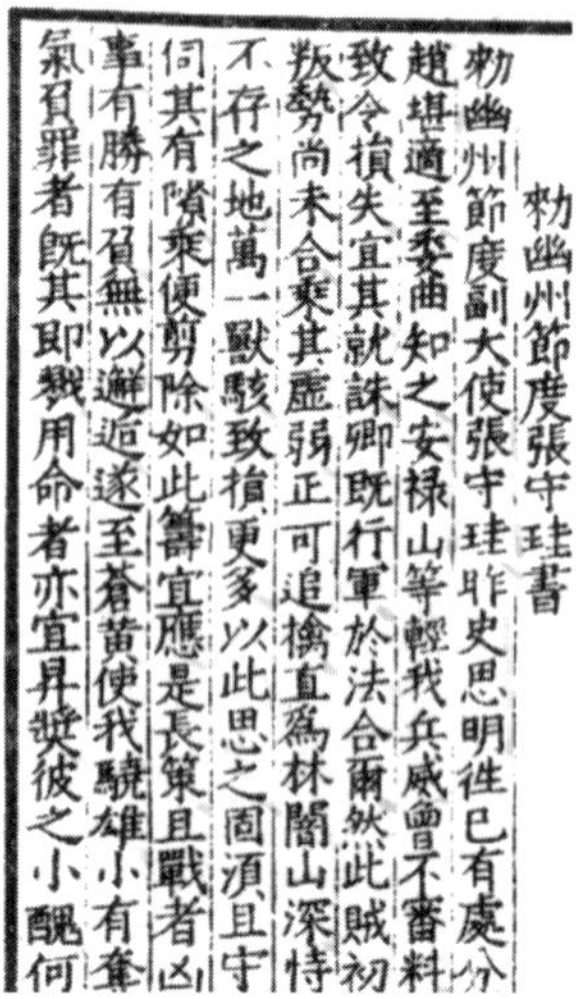
勅幽州節度張守珪書
勅幽州節度副大使張守珪昨史思明往已有處分
趙堪適至委曲知之安禄山等輕我兵威曾不審料
致令損失宜其就誅卿既行軍於法合爾然此賊初
叛勢尚未合乘其羸弱正可追擒直爲林闇山深恃
不存之地萬一獸駭致損更多以此思之固須且守
伺其有隙乘便剪除如此籌宜應是長策且戰者凶
事有勝有負無以邂逅遂至蒼黄使我驍雄小有奪
氣負罪者既其即戮用命者亦宜昇奬彼之小醜何

勅幽州節度使張守珪書

山らは、わが軍の威信を軽く考え、兵の損失を招いたのだから、死刑に処すのは当然である。貴官がすでに軍を指揮される以上、法に照らしても至当である。……戦いとは不祥なものであり、勝敗は時の運である。敗戦にあわてふためき、わが勇猛果敢な将兵を、いささかなりとも畏縮させせないよう。罪を犯した者（禄山）が処刑されたからには、功をたてた者には、論功行賞があってしかるべきである。」だいたい、このような内容である。その冒頭には、のち禄山の乱を継承する史思明が、逆に論功行賞されたことがみえていておもしろい。

また将兵あての書状には、戦闘に日夜挺身する将兵の労苦をねぎらい、かたわら禄山の軽挙妄動によって不運にも斃《たお》れた者へ、深ぶかと哀悼の意を捧げ、憎みてもあまりある蕃族への報復を誓い、

安禄山が誅殺されたのは、あまりに敵を軽んじた結果だが、だからといって気おくれし、戦闘に齟齬《そご》をきたしてはならぬ。功をたて名をあげること、富貴栄達もひとえにここにかかっている。各位は互いに勉励しあい、凶悪なキタイ奴を討《う》ち平らげよ。

と叱咤《しった》激励している。末尾に「夏の初めとなり、暑さ加わる折柄」と時候の挨拶があり、内容からみても張守珪あてのものと同時にしたためたものにちがいない。どちらも禄山はすでに刑場の露と消えたあとのような書き方であるが、当時、死刑だけは地方官の宰領ではできず、中央の認可をへて処刑する規定であるから、裁下が張守珪にとどき、はじめて効力を発するわけである。玄宗の書翰は裁決を既成の事実という前提のもとに、書いたのだと思う。

❖風前のともしび

さて、軍律がいかに厳しくとも、禄山には勲功がある。大打撃を与えたとはいえ、キタイとの攻防は果てしないであろう。玄宗も勝敗は時の運、また将兵を畏縮させてはならぬとあった。だとすれば、蕃族の言葉を自由自在に話し、敵情にくわしく勇猛で智略にたけた禄山を、ただ一度の失敗で殺すには、あまりにも惜しい。わが軍の中核は蕃族の出身者で占められている。もしかれらが心服する禄山を冷酷にあつかえば、人種的差別とみられる危険がある。むしろ罪に報いるに恩をもってすれば、以前にもまして忠誠に励むに違いない。面識がなければともかく、一度なりと顔をあわせれば憐憫《れんびん》の情をもよおすのは人の常。ここはひとつ、都に護送して皇帝じきじきに人柄をみてもらい、助命嘆願するにこしたことはない。これが張守珪の思惑であったろう。急ぎ処刑をやめ、禄山を都へ護送してしまった。

張守珪の目算は、まさに正鵠を射ていた。異例のできごとに都では禄山の処置をめぐって紛糾した。おそらく張守珪の面目をつぶさない配慮もあったろうが、赦免せよという玄宗と、断固処刑すべしと主張する張九齢のあいだに、激しい応酬が行なわれている。張九齢はいう、

戦国の昔、斉の将軍穰苴《じょうしょ》は、出陣の刻限に遅れた荘賈を誅し、孫武は軍令を下したとき、笑った宮嬪を斬ったと申します。もし張守珪の軍律が厳しく行なわれるなら、断固、死刑に処すべきでありましょう。

孔子が魯《ろ》で活躍していたころ、斉は景公（前五四八―四九〇）の時代であった。管仲とならび称せられる名宰相であり、その言行録ともいうべき『晏子春秋』で有名な晏嬰《あんえい》、かたや名将の誉れ高い司馬穰苴がよく景公を補佐した。穰苴は燕や、晋の大軍を破り大司馬（大将軍）に任ぜられたが、のちかれの兵法が集められたほどすぐれた軍略家である。張九齢のいわんとするのは、穰苴が晏嬰の推挙を受け将軍となったとき、景公はお気に入りの荘賈を監軍《めつけ》につけた。虎の威をかる荘賈は気ままな振舞いが多く、出陣にあたって正午に軍営で落ち合う約束を反古《ほご》にし、夕方、のこのこ現われた。穰苴は軍律違反の罪で、たちどころに斬ったという、『史記』にみえるエピソードである。

「孫子の兵法」で知られる孫武《そんぶ》は仮空の人物ともいわれ、現在に伝わる『孫子』一三篇は、斉の威王（前三五七―三二〇）に仕えた孫臏《そんぴん》の兵法を、三国時代の魏の曹操が編纂しなおし注

釈を加えたのだという。『史記』によると孫武は孫臏の祖父で呉王闔閭《こうりょ》（前五一五―四九六）に仕えた。呉王に謁見したおり、兵法の披露を求められ、宮中の美女一八〇人が貸し与えられた。かれは左右両隊に分け王の寵姫《ちょうき》二人を隊長に選び、全員に武器を持たせ陣太鼓を合図に進退するように申し渡した。ところが、肝心のとき美女隊から爆笑がおこり、演習どころではない。孫武は即座に左右の隊長を斬り、つぎの隊長をたてたところ、今度は号令どおり整然と行なわれた。呉王は、かれの用兵ぶりに寵姫を殺された憎しみも忘れ、将軍に抜擢したという故事である。

寵臣や寵姫、しかも実戦には直接かかわりのない者でも、これほどまでに厳しいのが軍律なのだ。ことに将たる者は微塵《みじん》の油断も許されない。さる王が家来に油壺を捧げたまま長い道程《みちのり》を歩かせ他の者に抜身を持たせ、一滴たりとこぼせば、即座に首をはねよと命じた。油壺を持った者は細心の注意を払い必死になしとげた、という『涅槃経《ねはんぎょう》』にでてくる「油断」の語源は、人生がこの家来の姿のように絶えず不測の状態にあると教えた比喩である。いわんや指揮官が万全の策をはからず、貴重な人命をそこなうことは断じて許されない。もし一片の情によって赦さんか、法を軽んずる無責任な将官が続出し、兵士の信頼は薄れ軍規は乱れ、戦意は喪失するにちがいない。禄山を斬ることは戦没者の家族、三軍の将士に軍律の厳しさ、生命の尊重を改めて認識させる道ともなり、尽忠報国の念を喚起することにもなる。張九齢の考えは、こうであろう。

けれども、玄宗は死一等を減じ、肩書だけを奪い、無冠の大夫のまま、今後の活躍に期待しようとした。情状酌量したことが仇《あだ》となり、国を滅ぼす原因となった例もあるが、一度の失敗によって抹殺された有能な人材も多い。「山けわしければ崩れやすく、政道厳しければ国危うし」の譬《たとえ》、軍律を貫き法に遵《かな》うだけが政治の姿ではない。機に臨み変に応じ、禍《わざわ》いを転じて福とすべきが肝要というのであろう。両者には立場や見解の相違があり、アプローチの仕方は異なっても、国土防衛、国家百年の計を前提とする点では共通するのである。それはすでに禄山の処置いかんをこえた政治論の問題にほかならない。どちらも長短かね備え、功罪あい半ばしており、教条主義ともいえる張九齢、柔軟性に富む玄宗の性格は、喧々囂々《けんけんごうごう》の論争にもみごとなコントラストを描いている。ほどなく張九齢が失脚し、李林甫が抬頭する必然性も、このような両者の性格や政治感覚の違いにも帰せられるとみたい。

❖「人間万事塞翁が馬」

激論のあげく、張九齢は骨相を盾にとった。

それがしがみますに、禄山の面体には謀反の相が現われております。もし今殺さねば、必ず国に仇なす者となるに相違ございませぬ。

身がってな観相論に、堪忍袋の緒を切った玄宗は、ついにどなりつけた。
そちは王衍《おうえん》が石勒《せきろく》の面体に謀反の相を認めた同じ理由から、臆測で禄山を謀反人呼ばわりするつもりか。

五胡十六国の後趙《こうちょう》をたてた石勒が、少年時代に行商のため洛陽にのぼった。上東門にもたれ口笛を吹く石勒の姿に目をとめたのが、晋の宰相王衍である。かれは竹林の七賢に数えられる王戎《おうじゅう》の従兄にあたり、老荘思想家としても名高い。かれは行きずりに石勒を見て、将来必ず国に仇なす少年だと捕吏を差しむけたが、時すでに遅く、石勒は立ち去ったあとであったと『晋書』にみえる。のち晋の乱れに乗じ兵をあげた石勒は王衍の率いる晋軍を破り、王衍を虜《とりこ》にした。石勒は羯《けつ》族の出身であるから、同類の禄山にはぴったりする故事といえよう。歴史をつねに鑑《かがみ》とする中国では故事が判例にも似た絶対の権威をもつ。政論ではとくにそうであり、張九齢が司馬穰苴や孫武を持ち出せば玄宗が王衍を引き合いに出す。応酬の妙味は果てしないが、軍配は玄宗にあがり禄山は死刑を免がれることになった。赦免状は張九齢が書かされたらしく、かれの文集にみえる。それは禄山の功績を考慮し、また敵は殲滅《せんめつ》せず軍規もケース-バイ-ケースに従うべきだから、今回は許し、今後の忠勤に期待したい。しかし、いささかなりと責任を問うため、肩書を剥奪する旨、通達するという文面である。末尾に「春も深まり暑さ加わる折柄」というのをみれば、翌年の晩春になって、ようやく縄をとかれたことになる。さても縄目の恥辱をうけ、生死のさかいを一年にわたって彷徨したのが骨身にこたえたのか、失った肩書奪回のためか、復帰後の活躍はめざましかったとみえ、同年秋の詔勅には、さきの恥辱を雪《そそ》ぎ、忠勤にはげむ禄山を讃え、論功行賞した旨が記されている。結果からいえば、反乱を招き、唐は塗炭の苦しみを味わうのであり、張九齢の判断が正しかったことになる。が、現時点では玄宗の寛大な処置が的中したわけで、順逆いずれにしろ物事の判断は法の適用と同様にむずかしく、どこに視点をおくかによって評価もまた異なってくるのである。

ともかく禄山は命ながらえた。のみならず、この事件が玄宗の信頼を得る契機になるとは、まったく人間万事、塞翁《さいおう》が馬である。張守珪がとった処置は、はからずも禄山を一躍有名にし、逆に張守珪自身は、のちのち痛烈な非難にさらされる原因となった。玄宗は都を逃れ蜀へ落ちのびる道すがら、張九齢の意見に耳をかさなかった後悔にかられ、郷里の曲江に使者をたて、張九齢の冥福を祈り、その祭文を白石山の崖壁に刻んだという後日譚《ごじつたん》が伝えられている（『国史補』）。

楊太真

❖ポスト武恵妃と花鳥使

寿王妃時代の楊玉環については、なんの手がかりもない。少なくとも武恵妃の存命中には、夫が皇太子問題の渦中におかれ、玄宗のおぼえもめでたく、出入りのはげしい希望にあふれた生活ではなかったかと思われる。けれども好事魔多しである。武恵妃の死によって寿王の皇太子冊立の可能性は薄れ、足しげく通った官僚らもしだいに遠ざかり、生活にも大きな変化が現われたであろう。もし玄宗が李林甫の強引さに押し切られ、武恵妃が斃れなかったならば、十中八、九まで寿王は皇太子に、彼女は皇太子妃、そして皇后の位につき、玄宗との大ロマンは消えうせ、正史の列伝に名をつらねる一皇后で終わってしまい、歴史をさびしいものにしたにちがいないのである。

ところで七四〇年（開元二八）に行なわれた国勢調査によれば、一五七三県、戸数八四一万

二八七一、人口四八一四万三六〇九である。これに賦役《ふえき》などを逃れた脱漏戸や、他郷に流寓する逃戸、商工業者、荘園の小作人、僧侶、道士などを加えれば、尨大《ぼうだい》な数にのぼる。「海内は富安《とみさかえ》、行者《たびびと》は万里といえども寸兵《すんてつ》を持たず」(『通鑑』)、というように東西の都でも米穀一斗(約二リットル)二〇〇文、絹一疋《びき》もその程度の安価であった。憂国の大詩人杜甫《とほ》が、

憶《おも》う昔、開元全盛の日《ころ》
小さき邑《まち》も、なお万家の室を蔵《たも》ち
稲米は脂を流し、粟米は白く
公私の倉廩《くら》は倶《すべ》て豊に実《み》ち
九州《くに》の道路には豺虎《さいこ》なく
遠行《ながたび》にも吉日に出ずるを労せず

と追憶する豊饒《ほうじょう》で静謐《せいひつ》な時代であった。けれども、この豊かさは額面どおりには受け取れない。太平で華やかさはあったが、食管制度があるわけではなし、貨幣経済の進展するなかで穀物、絹布の異常な廉価は、人口の大部分を占める生産者＝農民を豊作飢饉に追い込み、デフレ現象をおこしていたと考えられる。異常な人口の都市集中化、農村の過疎化がみられ、従来の土地制度、経済政策は大きな曲がり角にたたされ、繁栄のかげに新しい時代への胎動がおこりつつあったのは確かである。その無気味な兆《きざし》を象徴するかのように、玉環の身辺に、とてつもない

変化がおこった。

開元二四年（七三六）、武恵妃薨《みまか》り、帝は悼惜《とうせき》すること、これを久しうす。後庭数千《じょかん》あれども意に可《かな》う者無し。或《ある》ひとの奏すらく、「（楊）玄琰の女《むすめ》、姿色は代《よ》に冠《だいいち》たり。よろしく召見を蒙むるべし」と。時に（貴）妃は道士の服を衣《まと》い、号して太真という。すでに進見するに、玄宗は大いに悦び、期歳《ひととせ》ならずして礼遇せらるること（武）恵妃の如し（『旧唐書』后妃伝）。

武恵妃の死が寿王の運命をかえ、玄宗にショックを与えたことは、さきにふれた。『楊太真外伝』などの俗説では、悶々の日々をおくる玄宗が、花鳥使という優雅な名の使者を各地に派遣し、武恵妃にかわる女性を求めた。探しあぐねているとき、高力士が寿王妃の美貌ぶりを言上したことになっている。宋の風流天子徽宗《きそう》が、宮中の庭園用に全国から奇木珍石を集めたとき、その御用船団に「花石綱」の雅名をつけた例がある。風流な玄宗に「花鳥使」の名は似つかわしいが、唐代では宮嬪のスカウトを一般にこう呼んだものらしい。また明代にできた『天中記』には玄宗が風雅な女御を選び酒宴のホステスをつとめさせた者にも、花鳥使と呼ばせていたことを考証している。

❖寿王妃、驪山に召さる

玉環が寿王妃であったのは厳然たる事実である。けれども后妃伝は、それに一言もふれず、あたかも道教の尼から直接玄宗に輿入《こしい》れしたように書いている。そういえば白楽天の長恨歌も真実をひた隠している。白楽天の場合は、唐のれっきとした官僚であり、直截《ちょくさい》に表現するのをはばかった事情もわかる。ことに長恨歌は白楽天が楊家の女を妻に迎えた新婚ほやほやの時に書いたもの（平岡武夫『白居易とその妻』）。新妻に捧げる愛の讃歌だとすれば、楊貴妃の経歴を赤裸々に詠《うた》いあげるのは、おぞましく感じたのかもしれない。けれども『旧唐書』の選者たちは、唐の官僚ではないし、なんの遠慮もいらないはずである。げんに『新唐書』、『通鑑』などは公然と紹介しているのだから。『旧唐書』后妃伝の担当者は、よほどの朴念仁《ぼくねんじん》か、貞操観にあふれた人物であったものらしい。

もう一つ、どの史料も寿王妃を玄宗に推挙したのは高力士だといい、今も信じて疑われないが、はたしてそうであろうか。だいたい納采《のうさい》の儀式には「凡《すべ》て皇后・皇太子・皇太子妃・諸王・王妃・公主を冊（立）するには、並びに臨軒して冊命する」（『唐六典』）のであり、元旦や天長節などの祝祭日には朝賀が義務づけられ『開元礼』には「親王妃朝見」の式次第がこまかに記されているのである。まして玉環が寿王妃となったころは、さきに紹介したように武恵妃

楊貴妃、玄宗に召さるるの図

の全盛期、寿王が筆頭の寵児であったから、ときおり玄宗は寿王邸を訪れ、またパーティ好きの玄宗が最愛の息子夫婦を招待していたはずである。必ずや玄宗はかねて寿王妃の才婉ぶりに目をとめており、むしろ高力士に意を含め推挙させるよう仕向けたのにちがいない。いかに臆《おく》面《めん》もない阿《あ》諛《ゆ》追随者でも皇子の妃を父君にすすめる暴挙をあえてするとは考えられないからである。彼女は文献の伝えるところによれば歌舞音曲にすぐれ、才気煥発であり、宋以後の美人型が柳腰であるのにくらべ、絵画・彫刻にみえる女人像が証明するように、豊満な姿態を理想とする唐代美人を代表する女性であった。また彫《ほり》の深いエキゾチックな顔だちは、上流階級にフレアパンツ型の女性服がはやり、ポロ競技にうつつを抜かし、胡弓《こきゅう》をかなで胡楽に酔いしれ、酒姫《ホステス》や召使いにエトランゼが珍重された（那波利貞「唐宋時代の旗亭酒楼」、石田幹之助「長安の春」、向達「唐代長安与西域文明」）社会にふさわしい容貌であった。さらに派手好みの玄宗は歌舞に造詣が深く、音楽にかけては玄人《くろうと》はだしで、玉環をえた感激をこめた「得宝子」のほか、九〇曲あまりを作曲したと伝えられるほどである。このような玄宗にとって彼女は、なににも替えがたい魅力を備えていたのであり、だからこそ、人道にもとる暴挙もあえて辞さなかったとみられる。

❖女道士楊太真

だが、さすがの絶対者も、こればかりは外聞を恥じたらしく、カムフラージュに苦心し五年ほど内縁関係をつづけ、ほとぼりをさましたあと正式に迎えいれている。『新唐書』の本紀だけに、ただ一行、

開元二八年一〇月甲子、温泉宮に幸《みゆき》す。寿王妃楊氏を以って道士と為し太真と号す。

とみえる。『旧唐書』は例の調子で抹殺しているが、幸いにも『唐大詔令集』に「度寿王妃為女道士勅」と題する一文が残っており、輪郭をおぼろげながら伝えてくれる。

寿王瑁妃楊氏は素《もと》より端懿《ようし》を以って藩国に嬪《ひん》と作《な》れり。栄貴に居ると雖《いえど》も、毎《つね》に精脩に在り。太后の忌辰《めいにち》に属《あた》り、永《とこし》えに追福せんことを懐《おも》い、ここを以って度《とくど》を求む。雅志の違《たが》い難ければ、用《も》って道を弘むるの風を敦《あつ》くし、特に衷《こころ》よりするの請《ねがい》を遂げしめん。宜《よろ》しく度して女道士と為《な》すべし。

つまり皇太后の追善供養のため、世俗の栄をかなぐりすて、求道を願う寿王妃の殊勝な心根をよみし、女道士（女冠）となることを、さし許すというものである。先祖の追福のため皇女が法衣を纏《まと》うのはよくある。とくに唐は老子を先祖にまつりあげ道教を国教と定め、隆盛を誇る仏教教団をおさえようとしたため、道教は皇室の厚い庇護を受け、玄宗の妹金仙、玉真公主

などのように女冠となった皇女は多い。しかし皇子の正妃が夫をすてて入道する例はなく、まず許されるはずのものではなかった。詔勅は寿王妃の自発的な意志であるような表現だが、それは玄宗が因果を含め、有無をいわせず女冠に仕立て、体面をつくろうための強引な演出であったのである。

寿王妃から女冠へ、自分の意志にかかわりなく、運命に弄ばれる彼女もさることながら、哀れをとどめたのは寿王である。母の武恵妃を失ったばかりに皇太子位をのがし、また掌中の玉を奪われる。よほど悪い星の下に生まれた人らしい。泣く子と地頭には勝てず、五年後、玉環が正式に貴妃にたてられる一か月ほど前に、替玉に与えられた韋昭訓の娘でがまんせざるをえなかった。かれは七七五年（大暦一〇）に世を去ったが、息子五人の名が伝えられている。玉環とのあいだに子どもは生まれなかったのかどうか、いっさいが不明である。玄宗とのあいだにも子どもがないのをみれば、玉環は生来の石女《うまずめ》であったのかも知れない。またたとえ子宝に恵まれていたとしても、彼女の義父楊玄璬がそうであったように、母子関係は故意に抹殺されたであろうと思われる。

❖玉肌を洗う温泉宮

父親が息子の嫁を奪う、この淫靡《いんび》でおぞましい事件の舞台となったのは、都の東郊に位置す

現在の華清宮

る驪山《りざん》の温泉宮である。天宝六載に華清宮《かせいきゅう》と改められたので、白楽天はそのまま、

　春寒うして浴を賜う華清の池
　温泉は水滑《なめら》かにして凝脂《たまはだ》を洗う

と詠《うた》ったわけである。当時、全国的に名の知られた温泉は、藍田《らんでん》の石門、岐州《ぎしゅう》の鳳泉、同州の北山、河南の陸渾《りくこん》、汝州《じょしゅう》の広城、兗《えん》州の乾封、荊州の沙河といわれ（『南部新書』）、とくに驪山は都に近く、皇帝の保養地とあって、にぎわいをみせた（那波利貞「驪山温泉」）。この山は海抜一二五六メートル、臨潼《りんとう》県の東南二里に聳え、西から東へゆるやかに流れる渭水、その渭水へ南から注ぐ魚池水、戯水《ぎすい》などの水源である。さすがに付近は名所旧跡が多く、北方には漢の高祖劉邦が楚王項羽と劇的な会見をした鴻門《こうもん》があり、秦始皇帝の冢陵《ちょりょう》もほど近い。驪山は繡嶺《しゅうれい》の別名をもつように、峨峨《がが》たる峰が重なりあい、昔から都人の注目を浴びた景勝の地で、その西北麓にわきでるのが、俗にいう華清池、驪山温泉なのである。

驪山宮の芙蓉湯の跡

『三秦記』などにみえる伝説では、始皇帝が神女と遊ぶうち徒《いたず》らしたのか、怒った神女が始皇帝に唾を吐きかけ、そこに瘡《はれもの》ができた。始皇帝が謝まると神女は瘡をなおすために神通力によって温泉をわきださせた。だからこの温泉は瘡に効果があり、代々療養に用いられてきたが、入浴のさいには必ず三牲《いけにえ》を捧げて祭らねば皮膚が爛《ただ》れるのだという。ここを大開発した始皇帝と瘡に効く硫黄成分とが結びあわされた伝説にちがいない。隋の文帝は殿宇を拡げ松柏を植え込み、唐の時代になっても、たびたび修造されている。とくに玉環を迎えた玄宗は、驪山を会昌、さらに宝応と名を改め、わざわざ会昌県をおき、民丁を徴発して羅城を築き丘池を造る熱の入れようであった。朝元、重明などの楼閣が聳《そび》えたち、九竜、長生、明珠といった宮殿から官衙《かんが》、王侯などの第宅が甍《いらか》をつらね、贅を尽くし趣向をこらした造作は、えもいわれぬみごとなたたずまいであったという。三か所の泉源からひかれた湯は供奉湯以下、太子、宜春、少陽、玉女、蓮花そして玉環が浴を賜わった芙蓉湯《ふようとう》があり、九竜殿にある玄宗の浴室は、周囲に白玉をちりばめ、階梯には魚竜花鳥が浮彫りされていた。

❖寵愛は一身にあり

ながなが温泉宮のことを紹介してきたが、おもしろいことにこの温泉に遊幸する玄宗の頻度や日数に注目すると、開元より天宝へしだいにふえ、天宝六載以後は毎年一〇月から大晦日まで、この離宮ですごすのが慣例化している。しかも従来は新年の朝賀を大内の含元殿で受けてきたのが、天宝八載以降はそれさえ含元殿と華清宮と一年交代で行なっている。この現象の変化こそ、玄宗が政治に情熱を失い、逸楽にわれを忘れていく生活の軌跡と完全に一致するのである。それに決定的な作用を及ぼしたのは、やはり玉環の出現であったといえるであろう。

玉環を入道させたのは、寿王妃であった前歴を隠蔽するためと、もう一つ、息子の妻という世俗の紐を断ち、清浄無垢の身にして迎えたい罪悪感といおうか、一種の贖罪《しょくざい》の念が働いていたと思われる。わが国分寺にあたる開元寺とともに、開元観を全国に建てた玄宗の熱烈な道教信仰は、よく知られている。多くの道士をブレーンに招き、道教経典を試験科目とする科挙制度（道挙）を新設しており（藤善真澄「官吏登用における道挙とその意義」）、玄宗の玄とは道教に執心したありし日の玄宗をしのび、老子が説いた「玄道」にちなんで贈られた廟号《びょうごう》なのである。女道士玉環に与えられた太真も、陰陽ふたつの元気、宇宙を生成する根元を意味した道教の、そして彼女にふさわしい法名《ほうみょう》である。こうして内裏《だいり》に法名にちなんだ太真宮が造営され、ここに移り住んだ彼女は、天宝四載、貴妃に冊立されるまで、五年ものあいだ女冠の法服のまま玄宗に仕え、楊太真、太真妃の名で呼ばれることになった。もちろん玄宗の寵愛を一身にあつめ、宮中ではもっぱら娘子《おくさま》の愛称がつかわれ皇后に匹敵する扱いを受けたわけである。

節度使への階梯

❖大いなる飛翔

楊玉環が寿王妃より太真妃へ転身をとげた七四〇年（開元二八）、安禄山も平盧《へいろ》兵馬使に任ぜられ、いよいよ出世街道を驀進《ばくしん》しはじめた。奇《く》しくもこの春には、かれの将来をおそれ、はやく禍乱の芽をつむよう主張しつづけてきた張九齢が、玄宗の勘気をこうむり配流されたのち、故郷でさびしく息を引き取っている。さらに翌年八月には営州都督に抜擢され平盧軍使と奚《けい》・契丹・渤海・黒水など四経略使の肩書きを得た。この平盧軍というのは七一七年（開元五）、営州柳城県におかれており、幽州節度使の管轄をうけ兵一万六〇〇〇を統率した。兵馬使はその指揮官である。また都督は従三品、州の刺史《しし》に匹敵する都督府の長官で、いっさいの軍政を担当した。営州は奚・契丹・渤海・黒水靺鞨《まっかつ》などの部族を鎮撫する役目があったため、その経略使もおびたわけである。かれの実力もさることながら、このめざましい躍進は、みがきのかかった遊泳術のたまものであった。史料はおよそつぎのように伝えている。
あらゆるテクニックを駆使する禄山の人気は高まり、称讃の声があがった。ときおり営州にやってくる勅使には、いたれりつくせりの饗応をみせ、帰りには莫大な引出物を準備するありさま。ちょうど御史中丞の張利貞《ちょうりてい》が採訪処置使となって平盧軍を訪れたとき、禄山は張利貞の接待に精根をかたむけ、小者《こもの》たちにまで賄賂をつかませた。ほくほくの態で都に帰った張利貞は禄山の人柄をほめそやす。禄山を営州都督に任命する旨、告身《じれい》が発送されたのは、それから間もなくであった。

唐の中央官制は、普通に三省六部、一台、九寺、五監と呼ばれている。御史中丞というのは一台、つまり御史台の次官にあたり、長官が御史大夫である。御史は文字どおり君王の侍臣に由来する官で、公文書をつかさどり官僚の督察権をもち、秦の時代には御史大夫は丞相・太尉とならぶ三公の一つに数えられる実力があった。御史台は漢のとき御史中丞を長官として成立した官庁だが、しだいに実権は衰え、唐代には御史大夫の下に中丞二人、五品官に格下げされている。けれども台、殿、察の三院からなる御史台は、侍御史、殿中侍御史、監察御史が配属され、官吏の姦偽《かんぎ》糾弾《きゅうだん》ににらみをきかせ、六部の一つ刑部とともに律令の護持、犯罪摘発、裁判などにたずさわっていたのである。

一方、採訪処置使は開元二一年（二〇年、二二年の説もある）全国を一五道に分け、各道に一人ずつ置かれた。地方の実情や役人の業績をしらべ、三年ごとに中央へ報告する義務をおう。つまり勤務評定に従事する臨設の官であった。ただ地方官の賄賂をうけ点を甘くし不業績を隠蔽する傾向がみえたので、玄宗は七三九年(開元二七)後、三年に一回ずつ侍臣のなかから、これといった人物を選び、特別に採訪処置使の肩書を加え諸道の督察をゆだねた。張利貞が平盧軍におもむいたのも、それから三年目の七四一年(開元二九)にあたっている。弊害をとり除くため、わざわざ侍臣を派遣するように改めた玄宗の思惑も、ほとんど効果がなかったのは、禄山に籠絡《ろうらく》された張利貞の様子をみれば十分である。わが国でも国庫補助の額をふやしてもらうため、中央の役人や代議士に猛運動する風潮がある。まして採訪処置使は個人の勤務評定にかかわる全権を賦与されている。かれらのサジ加減一つによって死命が制せられるといっても過言ではない。山海の珍味をそなえ饗応に精根を傾けつくすのも当然なら、採訪処置使も袖の下を役得だとばかりに賄賂を平然と要求してはばからない。だから地方官への転出は忌み嫌うが、私腹を肥やすチャンスが多い視察には人気が集まる。それというのも、かれらの一面的な報告だけで治績が評価され地位の昇降が決定する、いわば人間の果てしない欲望や、感情の微妙な振幅をまったく無視し、ただ清廉潔白さに淡い希望を託すだけの甘い政治機構にも問題があれば、中央官僚の優遇、逆に地方官の軽視という偏向にも欠陥がある。禄山の遊泳術とは、そうした政界の醜さ、官僚制の甘さを鋭くつき、たくみに利用したものであるといえよう。

❖李林甫と節度使

開元の年号は二九年をもって終わり、翌年には天宝と改められる。その正月、営州都督となって五か月足らず、禄山は平盧節度使に任ぜられた。節度使が兵制の行き詰まりにともない、行軍の常駐化によって生まれてきた事情は紹介したが、傭兵制に切り替えられて節度使の比重はいよいよ加わり、七四二年(天宝元)までに一〇節度使にふくれあがってきた。平盧節度使も、これまで幽州節度使の一翼をになってきた平盧軍を分離独立させ、ツングースとモンゴルの混血といわれる室韋《しつい》、靺鞨《まっかつ》などの鎮撫掃討《ちんぶそうとう》にあてることになった。禄山はその初代節度使に選ばれ、営州を根拠とする平盧軍一万六〇〇〇、平州の盧竜軍一万、さらに渝関《ゆかん》・汝羅・懐遠・安東など九守捉(防衛軍の大きいものを軍、小を守捉、城、鎮、戍という)の兵一万一五〇〇、計三万七五〇〇の兵力を擁する身となったわけである。

節度使には、はじめ相当な地位の漢人官僚を派遣するか、皇子、宰相などが中央にいながら遙領といって肩書だけの節度使となり、次官の副使が実務を担当するものであった。文運隆々たる、とくに太平の世にあり、六朝貴族社会の残滓《ざんさい》を強く残している唐代の士人たちは、一般に文を尊び武を卑む傾向がある。文官ははなやかな宮廷生活にあこがれ、地方への転出でさえ、天国と地獄の差ほどに感じる。まして生死もさだかでない辺境の守備軍など、もってのほかで

節度使の居城

ある。ところが節度使は赫々《かくかく》たる武勲をあげれば、中央へ呼びもどされ宰相に横すべりする、出世コースとさえなってきた。開元時代の宰相に節度使の経験者が多いのは、そのためであり、なかには李林甫が苦汁を飲まされた者も含まれている。ようやく手にした権勢の座を、このような連中に脅かされては一大事。李林甫は節度使からの入閣を阻止するために秘策をねった。

文官を節度使に任じましては、弓や白刃におびえて使いものになりませず、家柄のない者とか蕃族出身者を用いるにこしたことはありますまい。なぜなら蕃族は武勇に秀で、家柄のない者は党派をつくり政治を毒する危険がないからでございます。

名案だと玄宗はつぎつぎに蕃族出身者を任命したのだという。

❖「弄麞の慶」

生来、無学であった李林甫には、こっけいな話がいくらも伝わっている。かれが吏部選（吏部で行なわれる科挙の最終試験）を主宰したとき、挙人《じゅけんせい》の判文（司法問題の解答）に「杕杜《ていと》」の文字があった。この意味がわからず試験官の韋陟にたずねたところ、韋陟は下うつむき笑いを押えるのが精いっぱいであったという。読者は『論語』に「下問を恥じず」（公冶長篇）、「過《あやま》てば則《すなわ》ち改むるに憚《はばか》ること勿《な》かれ」（子罕《しかん》篇）、「過ちて改めざる、是れ過ちと謂《い》う」（衛霊公篇）、また「子、大廟に入りて事ごとに問う」（八佾《はちいつ》篇）というように、知らなければ憚《はばか》らずに質問するのが君子ではないかと思われるかもしれない。けれども当時の感覚では、『詩経』の小雅鹿鳴に杕杜という一篇があるぐらい、官僚としては最低の常識なのである。もともと、ひっそりとたつ一株の杜《あかなし》、転じて孤独の境遇を意味するこの言葉を、宰相たる者が、しかも狭くけわしい科挙の試験を主宰する身が知らないとは、韋陟ならずとも声もでなかったのは当然であった。まだある。

　李林甫の従兄弟に子どもが生まれた。出産を祝って寄せた彼の書状をみて、来客はあわてて口をおおってしまった。文面には墨くろぐろと、

　弄麞《ろうしょう》の慶び有りと聞き……云云

とあった。麞《のろ》は鹿に似た動物だが、骨相のほうでは、ごつごつした貧相の人を麞頭《しょうとう》といい、一般には相手をいやしめる言葉に使う。李林甫はやはり『詩経』の小雅にみえる、

　乃《かく》て男子を生めば
　載《すなわ》ち之《これ》を牀《ベッド》に寝せ

載ち之に裳《はれぎ》を衣《き》せ
載ち之に璋《たま》を弄《もてあ》そばしむ

の「弄璋《ろうしょう》」を引用したつもりであったろう。男児の誕生を「弄璋の慶」、女児の誕生を「弄瓦《ろうが》の慶」というのは、洋々たる男児の将来を祈って璋を玩具に与え、女児には家事につとめ良妻賢母となれかしと願い、素焼の糸巻を握らせた風習にちなむのである。まして礼儀のやかましい社会で、慣用語となっている祝辞をまちがえば、嘲笑をあびるのも当然である。哀れにも李林甫が発明した「弄麞の慶」は後世の人々に無学文盲の代名詞につかわれ、永遠の生命を賦与されてしまったのである。

❖蕃人節度使の出現

ともかく、玄宗朝は至難といわれた科挙出身の官僚が、幕閣に名をつらねた時代である。とくに李林甫の仇敵である張説《ちょうえつ》、張九齢、裴耀卿などは文学史上でもすぐれた業績を残した面々である。ことあるごとにかれらと対比され、軽侮の目を意識するだけに、李林甫はコンプレックスも手伝い、文人官僚に異常なまでの憎悪と敵愾《てきがい》心を燃やしていたようである。天宝六載、一代の文人として令名をはせた北海太守の李邕《りよう》が、獄に投ぜられ杖殺されたのも、またこの年、李林甫が故意に全員落第の判定を下したため、科挙の試験に勇躍挑戦した杜甫が、失意のどん底におとしいれられたのも、その哀れな犠牲であった。このとき杜甫と同じ運命に見舞われた詩人元結《げんけつ》は、貧苦にあえぎながらも官職にありつきたいばかりに、コネを求めて有力者の家を徘徊する同郷の落第者へ、「喩友《ゆゆう》」と題する一文を贈っている。

貴きものは権を専らにせず、上下を惑わすことなく、賤きものは能《よ》く分を守り、苟《かりそ》めにも求取《たかのぞみ》せざれば、始めて君子たるなり（『元次山文集』）。

胡の武人

馬にのる武人

と不合理な政界のしくみ、李林甫の横暴に欝憤をたたきつけながら慰諭《いゆ》とも諦めともつかぬ言葉で結んでいる。このように眺めてくれれば、李林甫が宰相への最短コースとなった節度使に文官をすえるのを好まず、寒族（貧しい一族）や蕃族を任命したのもうなずけるのである。けれども、それだけが原因では、必ずしもない。

辺境守備軍には兵力の不足をカバーするため、早くから異民族をあててきた。農耕社会になじめないかれらを内地に居住させるよりは、生来の武力を買い国境に配置するほうが一挙両得である。こうして蕃兵はおびただしい数にのぼり、族長に率いられ、ほとんど外人部隊といった様相を呈するものさえあった。がいして無智盲昧な、閉鎖的で殺伐な兵士の社会では、同病あい憐れむような独得の連帯感や、知識階級、富有層に対する反射的ポーズとして固い共同体意識が芽生えやすい。とくに蕃兵のあいだには、安禄山の行動に象徴的に現われるような民族感情、部族の結合意識が強く働く。唐が部族の酋長を将軍に抜擢したのは、そうした蕃兵の性格を計算にいれ、より効果的に力を発揮させようとしたからにほかならない。蕃人節度使の出現も同じ理由によるであろうし、禄山がまたたく間に頭角を現わした裏には、このような唐朝の台所事情が隠されていることも否定できないし、異民族の活動期が訪れ、外人部隊が拡大する幸運に恵まれていたといえるのである。

Ⅳ

享楽の宴

めぐりあい

❖みごとな遊泳術

いまや節度使にのしあがった禄山は、七四三年（天宝二）正月、都へのぼった。かねがね皇帝の側近には鼻薬を十分にかがせてあるから、玄宗のおぼえもめでたいはずである。かぎりない恩寵を示すかのように、たびたび饗宴を催し、特別なはからいで自由に謁見を許すほどであった。そうしたある日の話である。

去年《こぞ》の秋でございます。営州にいなごが大発生し、作物が食い荒らされました。それがしは香をたいて天を祀《まつ》り一心に念じました。「われもし、心正しからず、君に仕うるに忠ならざれば、願わくばいなごをしてわが臓腑を食い尽くさしめたまえ。もし神祇にそむかざれば、願わくばいなごをことごとく散除させしめたまえ」と。念ずるいとまもあらばこそ、北からからすが群れ飛んでまいり、またたくまにいなごを食い尽くしました。これは天がくだしたもうた瑞祥《ずいしょう》に相違ございませぬ。なにとぞ史書の一ページにお書き加えくださいますように（『通鑑』）。

この年、営州地方にいなごの被害があった記録はなく、事実無根の話であるのはまちがいない。おそらく歴史家が虚譚《でたらめ》であることを承知のうえで、禄山の狡猾さを指摘する材料にあげたまでであろう。禄山もいなごなどどうでもよく、忠誠にあつい公正無私の人物ぶりを玄宗に認識させれば十分なのである。北方のからす――それは勇猛果敢さを象徴する神の使者――になぞらえ、「皇室に仇なす者が現われたなら、はるか北辺の地より私が急ぎ討伐にはせ参じましょう」との寓意《ぐうい》である。本心であったかいなかは問わない。玄宗の歓心を買うための演技、狡猾さを云々《うんぬん》するよりも、このような演技が堂々とまかり通り、阿諛《あゆ》追随によって立身出世が可能となる政界のしくみ、時代のありかたにこそ筆者は注意をうながしたい。これが恩寵の世界の実態なのである。

北へ還る禄山を、玄宗は百官に命じて鴻臚亭《こうろてい》に餞《たむ》けたというが、翌年三月には九万一千余の兵力を擁する范陽節度使をかねている。恩寵だけが保身の武器であることを見抜いた禄山の偉大な戦果であったといえよう。かれは腹臣の劉駱谷《りゅうらくこく》という者を都に常駐させ、宮中の動静を逐一報告させ、玄宗の側近にはそのつど賄賂を送りとどけた。みがきのかかった遊泳術はもちろん、情報網と的確な状況判断には驚くほかなく、戦火が下火になれば、異民族をわざと刺激して無理に反乱をおこさせる。かつて老子は仁義を強調する儒者をあざわらい「大道廃《すた》れて仁義あり、智慧《ちえ》出でて大偽あり、六親和せずして孝慈あり、国家昏乱《こんらん》して忠臣あり」(『老子』三八章)と、倫理、秩序が乱れていればこそ仁義が必要であって、よく秩序が保たれれば、仁義など無用の長物でしかないのだといっている。ことほど左様に武勲をたてるばかりがすぐれた武人ではなく、むしろ一兵をもそこなわず戦火を未然に防ぐのが武人のあるべき姿だというパラドックスもなりたつ。けれども平和が保たれれば武人の存在価値は見失われやすく、輝かしい戦果だけが評価の尺度とされがちである。この矛盾に対処するには反乱侵攻がなければならず、皇帝や側近がこよなく喜ぶ戦利品、奴隷のもとである捕虜を贈りとどけ、たえず自分の存在を認識させておく必要があるわけであった。

❖禄山の「腹」

互いに消息は耳にしていたはずだが、楊貴妃と禄山の劇的な邂逅《かいごう》は、かなりおそく、天宝六載の正月であると思われる。というのも、先に入朝したとき、貴妃はまだ楊太真の身であり、正式に官僚の朝賀を受けるのは、はばかられたにちがいなく、また当時の地方官は格別のことがないかぎり三年に一回の入朝が義務づけられていたからである。このとき、禄山がみせた迫真の演技にはユーモアとペーソスをおり混ぜ、かれの面目躍如たるものが随所にうかがわれる。

しばらく、その真髄を味わっていただきたい。

玄宗はある日、禄山の巨腹を指さして冗談まじりにたずねた。

そちの腹には、いったいなにがはいっているのか。

禄山は体重三百斤、腹の贅肉は膝まで垂れさがり、左右からたすけられて、やっと歩行できたといわれる。かれが入朝するさいには、駅と駅との中間にもう一つ、馬を交換する大夫（禄山）換馬台を設けておかねば、馬が疲労のため死んでしまう。そこで駅役人が禄山用の馬を購入するには、まず五石入《こく》りの土嚢《どのう》を載せ、耐久力を試したうえで高く買い入れ、禄山が乗るときは鞍の前に腹をのせる小さい鞍をつけた（『事迹』）。オーバーな話ではあるが、かれのなみはずれた魁偉《かいい》ぶりをよく伝えており、それが奇を好む玄宗の興味を引いた理由の一つでもあったようである。禄山は、

これはしたり、陛下に対する赤心で、いっぱいでございます。

平然と答えたという。有名な話であるが、おそらく玄宗の冗談には、「禄山に二心あり」との風聞を知って、「腹に一物《いちもつ》がありはせぬか」という意味を暗に匂わしたのであり、禄山もそれを敏感にかぎとり、たくみに逆襲したわけであろう。

はじめて皇太子に拝謁をおおせつかった。だが禄山は皇太子を無視したかのように拝礼しない。近侍が促すと、腕をこまねいたまま嘯《うそぶ》いた。

それがしは賤しい雑胡の生まれ。朝廷のしきたりなど、とんと弁《わきま》えませぬが、皇太子とは、そもいかなる官でございましょうか。

朕の跡目を継ぎ、ゆくゆく汝の主君となるのだ。

と説明する玄宗に、

愚かなそれがしは、今の今までご主君と仰ぎますのは、陛下お一人と存じ、お世継ぎがいられますとは、とんとわきまえませなんだ。

しぶしぶ型どおり拝礼したという。筆者はまえに、無教養で粗野だと軽蔑されがちな雑胡の素姓を最大限に利用し、徹底的に自分を卑屈にみせ暗愚に振舞い、なんの邪心もなく赤裸々な忠直の心しかないことを誇示し、あわせて憐憫《れんびん》の情をひきおこさせる魂胆だと説明したが、その考えは今でも変わっていない。『新唐書』には禄山の殊勝な言葉に、玄宗はひとしお憐れみの情をわかせた話をのせ、「禄山は陽《あからさま》に愚鈍な振舞いをなし、その姦を蓋《おお》う」と指摘しているのは正しいと思う。ただ禄山の言葉の裏には、さらに深い事情が秘められている。というのは、皇太子は怨み重なる李林甫の腰巾着《こしぎんちゃく》となったせいもあろうが、禄山を忌み嫌い、反乱を未然に防ぐよう、たびたび進言しており、禄山も皇太子が自分にふくむところがある事実を十分承知のうえで、精いっぱいのいやがらせをしたと解釈できるのである。かれが反乱を起こした理由の一つに、李林甫の片棒をかつぎ皇太子とこのような軋轢《あつれき》をおこした前科もあることとて、やがて粛宗皇帝が実現した暁には、確実に襲ってくるであろうおのが運命を悟り、先手を打とうとしたことも考えられるのである。

❖禄山、貴妃の養子となる

玄宗は禄山のため、興慶宮《こうけいきゅう》の勤政楼に群臣を集め、盛大な祝宴をはった。「臣下の身でありながら皇帝と同席させるのは礼にもとる」と反対する皇太子の諫めもものかわ、禄山の席を特別に御座の東にしつらえ、金鶏をあしらった屏風を背に、みごとな榻牀《しょうぎ》に坐らせた。このときである。玄宗は禄山と楊氏一族の間に義兄弟のちぎりを結ばせ、「禁中への出入りは、かってたるべし」の沙汰を与えている。また禄山のたっての頼みによって貴妃との養子縁組をとり行なった。ここに絶世の美女と怪物顔まけの醜男との、こっけいきわまる母子が誕生したのである。ここでふたたび禄山の名優ぶりが披露される。

玄宗と貴妃の前に進みでた禄山は、玄宗をさしおき、まず貴妃に向かって頭を下げる。けげんな面持ちで理由を問う玄宗に、かれはぬけぬけと答えた。

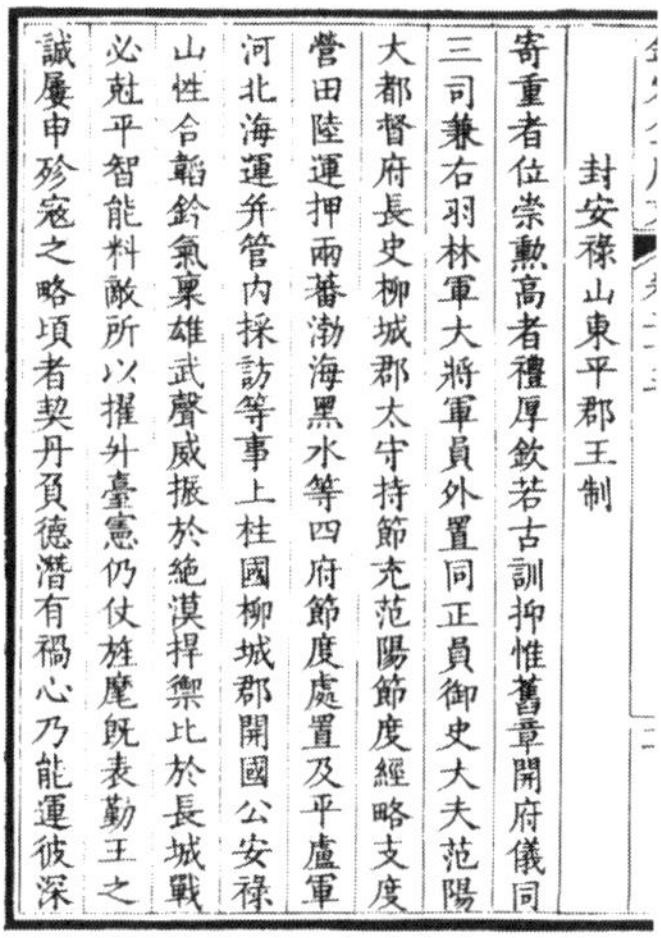
封安祿山東平郡王制
寄重者位崇勲高者禮厚欽若古訓抑惟舊章開府儀同
三司兼右羽林軍大將軍員外置同正員御史大夫范陽
大都督府長史柳城郡太守持節充范陽節度經略支度
營田陸運押兩蕃渤海黑水等四府節度處置及平盧軍
河北海運幷管内採訪等事上柱國柳城郡開國公安祿
山性合韜鈐氣稟雄武聲威振於絶漠捍禦比於長城戰
必尅平智能料敵所以擢升臺憲仍仗旄麾既表勤王之
誠屢申殄寇之略頃者契丹負德潜有禍心乃能運彼深

封安禄山東平郡王の文

それがしども雑胡では、母を先に父を後にいたしますゆえ。

玄宗はことのほか御満悦の態であったという。このように楊氏一門との関係を通じ、あるいは、李林甫など有力な官僚のバックーアップによって玄宗の信望は深まるばかり、地位はいよいよ強固なものとなった。天宝九載には武人として最初の東平郡王に封ぜられ食邑三〇〇戸を賜わり、河北道採訪処置使に任ぜられ、翌年の初めには、かれ自身の希望がかない、わざわざ前任者を更迭してまで、河東節度使が授けられた。つまり平盧、范陽、河東の三節度使をかね、総兵力は実に一八万余にのぼることになったわけである。

『旧唐書』本紀に「この年（天宝元年）、天下の健児、団結、彍騎《かっき》など、総《すべ》て五七万四七三三」とある数字を信用すれば、禄山の兵力は唐全体の三分の一に相当する。禄山は反乱準備のため兵力を増強するので、反乱当時にはおそらく二〇万を、はるかにオーバーしていたことは、まちがいない。皇帝は社稷《しゃしょく》を守り絶対君主制を実現するためにも、特別な一個人に権力が集中しないように工夫するのが立て前である。まして強大な兵力を一人に掌握させれば、どのような危険をはらむかは、常識で判断できたはずなのに玄宗はなぜ異民族出の禄山に、むざむざ強大な兵力をゆだねたのか。玄宗の愚かさだといえばそれまでだが、読者はこれをどのように考えられるであろうか。筆者の見解はあとでふれることにする。

❖楊貴妃と禄山をめぐるゴシップ

天宝十載、禄山は入朝したいと申し入れた。玄宗は道政坊の禄山邸が狭いからと、さっそく、親仁坊の一角に大邸宅を建て、造営にあたっては宦官《かんがん》を監督に選び、細心の注意を払うよう厳しく申し渡した。『事迹』には官から支給されたものを一つ一つ紹介しており、高台を築き曲池を掘り、家具、調度のみごとさは玄宗のものさえ及ばなかったという。また、楊氏一族を東郊を流れる戯水のほとりまで歓迎におもむかせ、玄宗も望春宮に出向く熱の入れようであった。このとき禄山が献上した俘虜《ふりょ》八〇〇〇、玄宗はすぐさま勤務評定簿に㊄を書き込んだともいい、遊宴のため景勝を誇る永穆《えいぼく》公主の池亭を賜い、上谷郡に壚を五基ほど造らせ、自由に貨幣を鋳造させることを許してもいる。当時、御史中丞であった楊国忠でさえ、巨腹をあおって宮殿の階《きざはし》を昇降する禄山に、手を貸すほどのサービスにつとめたほどであったから、玄宗の信任ぶりがわかる

歩擧図

であろう。

ところで貴妃と禄山の関係をめぐって、さまざまな風聞が生まれている。『外伝』などには貴妃が交趾《ベトナム》から献上された竜脳香をはじめ珍奇な品を禄山に贈った話があるが、元の劇作家、白仁甫《はくじんほ》の『梧桐雨雑劇《ごどうう》』では禄山を貴妃のひそかな恋人に仕立てあげ、明の文粛《ぶんしゅく》の『雍熙楽府《ようきがふ》』になると、「禄山戯楊妃」のなかで二人の姦通をもっともらしく詠《うた》っている。すでに『事迹』や唐の柳珵《りゅうえい》の『常侍言旨』には、貴妃が馬嵬《ばかい》駅で斃《たお》れたニュースを聞き、禄山が数日泣きあかしたと、まるで恋慕していたような書きかたをしており、王仁裕の『開元天宝遺事』には、二人が同室で食事をとり、夜通し入りびたったので、すこぶる醜聞が流れたと伝えている。おそらく母子の縁を結び禁中に自由な出入りが許されていたことなどから、すでに天宝ごろには嫉妬と羨望による、さまざまな憶測がなされていたと思える。

これらが唐代後半に流行する伝奇小説に格好の題材を提供し、しだいに形を整えていったのであろう。ただ乏しい筆者の管見では、もっとも明確な姿をとり、プロットもたくみに描いた古い作品は、北宋の劉斧《りゅうふ》が『青瑣高議《せいさこうぎ》』に収めた張愈《ちょうゆ》作と伝える『驪山記《りざんき》』ではあるまいか。

これは科挙に落第した張愈が、試験官の偏見に反発し、山水、古蹟を訪ね詩賦にあけくれるうち、友人と驪山に遊んだ。そのおり、博識の田翁を紹介される。先祖は玄宗朝の守宮使であったといい、張愈のたっての頼みで代々語り継がれてきた宮中の秘話を聞かせる。こうして二人

安禄山、楊貴妃歓楽の図

の対話形式をとりながら話が展開するというもので、そのプロットは、やや唐の陳鴻《ちんこう》撰『東城老父伝』に似ている。それには貴妃が民間に醜聞がもれるのを恐れ禄山を養子にしたのだとか、禄山が貴妃に無礼を働いた場、禄山が貴妃と極刑に処せられるなら本望だといった話、別離に臨んで貴妃を抱き、かきくどくシーン、さらに反旗をひるがえしたとき、天下の権が欲しいのではなく、ただ楊国忠らを殺し、あわせて貴妃と三、五日の逢瀬を重ねられれば、死んでも悔いはないといった内容が盛られている。『明皇雑録』、『開元天宝遺事』、『開天伝信記』など唐代の史料を参考に構成されたのはまちがいなく、『雍熙楽府』はまた、これにヒントを得ていると思われる。さても天宝十載正月、禄山の誕生日に、貴妃は禄山を招き錦繍《きんしゅう》の大きな襁褓《おしめ》を作って包み、宮女に命じ絹綵《けんさい》で飾った輿《こし》に載せ、大勢に舁《かつ》がせた。爆笑の渦がわき起こる。理由を問う玄宗に貴妃が禄山を洗ってやるのだとの返事。のこのこ出向いた玄宗は、その格好にふき出し、洗浴と襁褓代に莫大な金を賜わったという。まことにばかばかしい話には、こと欠かないのである。

牝雞《ひんけい》、晨《あした》す

❖外戚の繁栄

古くから牝雞《めんどり》が時を告げるのは、自然の理にもとる不吉な姿であるように、表向きのことに婦女が口出しするのは、家運を傾け国を滅ぼすもとだという諺《ことわざ》がある。これは現在とちがって、視野が狭く、ややもすれば情念に左右されがちとされていた女性を、公的な場からチェックするためにあみだした、古代人の知恵であろう。しかし国家機構が整備されてくると、ただ后妃の政治介入を忌みきらうためばかりではなく、その一族＝外戚をしめだす常套語としての性格が強まってくる。だいたい君主制には、皇室を中心とする私的な面と公的な面とが判然としないので、皇帝の情愛だけで裏うちされがちな后妃とその一族の政治介入を阻止し、理性の場にふさわしく、公的な面を少しでも護持せねばならないわけである。けれども期待が裏切られ悲劇がおこることも、往々にしてあった。

唐は節度使（藩鎮《はんちん》）と朋党、そして宦官《かんがん》により滅んだと一般にいわれるが、これに外戚の専横を加えてもよさそうである。王朝衰亡論で、よく唐と比較される後漢も、和帝（八九―一〇五）のときに外戚の竇《とう》氏が権力を得、ついで順帝〜桓帝の四代二四年にわたり、三皇后、六貴人、七侯、二大将軍、皇帝の女婿《じょせい》二人、封邑を得た婦人七、重職についた者五七人をだした梁氏一族を頂点に、外戚グループがこの世の春を謳歌した。ただ後漢の場合は幼少の皇帝がつづき、外戚が後見役となって実力を蓄わえたものであり、これに対抗する気節の士、清流派の官僚が激しい糾弾《きゅうだん》を繰り返し、唐ことに玄宗時代とは、比較にならない様相をみせているのである。

玉環が貴妃にたてられたとき、亡父に太尉斉国公、母に涼国夫人、叔父に光禄卿が贈られたことは、前に述べた。このほか兄の楊銛《ようせん》は鴻臚卿《こうろけい》、従兄楊錡《ようき》には殿中侍御史、それに寿王の実妹太華公主が降嫁されている。また美貌の姉三人は韓国、虢国《かくこく》、秦国夫人に封ぜられ都に第宅を賜わり、宮中へ自由に出入りすることが許された。楽史の『広卓異記』には楊氏の繁栄ぶりを一貴妃、二公主、二郡主、三夫人、一宰相、一尚書、二大卿といっているものの、実際はそれ以上になっている（陳寅恪「唐代之李武韋楊婚姻集団」）。この一門を代表するのが楊釗《ようしょう》、ほかならぬ楊国忠であった。

❖楊国忠

話は半世紀ほど遡《さかのぼ》る。則天武后の男妾に張易之《ちょうえきし》、張昌宗《ちょうしょうそう》という美少年の兄弟があった。かれらは錦繍の衣をまとい、化粧して宮中を闊歩《かっぽ》したといわれ、則天は控鶴府《こうかくふ》（のち泰宸府《ほうしんふ》）という文化庁にあたる役所を兄弟のために設け、『三教珠英』など尨大《ぼうだい》な編纂事業を行なわせた。これには、李嶠《りきょう》、閻朝隠《えんちょういん》、宗之問《そうしぶん》など一流の文人が参加し、北門学士と呼ばれる側近政治の端緒となったほどである。けれども専横のかぎりを尽くした張兄弟も武周政権が終わりを告げた七〇五年のクーデタによって、殿中の廊下で斬られた（外山軍治『則天武后』）。異説もあるが、この両人こそ楊国忠の母の兄弟にあたるといわれる（銭大昕『十七史商榷』）。

楊国忠は若いころ、学問を嫌い酒とばくちに身をもちくずし、一族の鼻つまみであった。そこで発憤すると蜀へ従軍し新都県尉にまでなった。あまり性格がよくなく、上官に忌《うと》まれ笞《むち》うたれた話も伝わっている。任期満了にも蓄えがなく故郷に帰れず、富豪の鮮于仲通《せんうちゅうとう》の世話を受けているあいだに、貴妃の家に足繁く通い、二番目の姉ののちの虢国夫人と、わりない仲におちたわけである。一方、都では、はからずも貴妃が寵愛を集め、その縁故によってかれも日の目をみることになった。ちょうど、李林甫の権勢を怖れていた剣南節度使の章仇兼瓊《しょうきゅうけんけい》が、最悪の事態に備えるため中央に有力なパトロンを求めようと、財力はあり教養人でもある鮮于仲通に相談をもちかけた。節度使などは幕僚を自由に宰領（辟召《へきしょう》という）できるので、行政が円滑に運営できるよう、その土着の豪族や知名人をブレーンに招く傾向がある。かれらもまた、節度使の属僚となれば有形無形の権益を受け、中央進出の足がかりが得られる。鮮于仲通もその一人にちがいない。かれが楊国忠の面倒をみたのも、当時は地方の下級官吏が豪族、土豪らとの関係を通じ、そこに土着する傾向がみられるように（伊藤正彦「唐後半期の土豪について」）、楊国忠が在職中、何かと鮮于仲通に便宜を与えていたのか、あるいは仲通が貴妃の情報をいちはやく握って楊国忠を利用しようとしたからかもしれない。ともかく鮮于仲通は楊国忠を推挙し貴妃との関係を一部始終語り、章仇兼瓊にひきあわせた。狂喜した兼瓊は楊国忠を幕僚に加え、貴妃あての献上品を整え、急ぎ都へのぼらせた。楊国忠が鮮于仲通の恩義に感じ剣南節度使に抜擢するのは、のちの話である。

都に到着した楊国忠は、まず深い仲の虢国夫人がちょうど寡婦となった矢先であるのを幸いに、その館へころがり込み姉妹から章仇兼瓊はもちろん、自分もあわせて玄宗に売り込んでくれるよう、懇願したらしい。彼女らも否やがあるはずはない。芸は身をたすくといおうか、ばくち上手を種に口入れが始まり、金吾兵曹参軍の職にありつき、いよいよ政界へ進出することになったという（『通鑑』）。玄宗の呆気《うつけ》ぶりや官界人事の頽廃をいいえて妙であるが、やや楊国忠の専横を憎むあまりにでた中傷というきらいもある。たしかに禁中では玄宗のばくちの相手もしたらしいが、文簿《じむ》、数字《けいり》に異能ぶりを発揮し、その精緻《せいち》な仕事には、さすがの玄宗も「好度支郎」（秀《すぐ》れた財務官僚）と嘆服するほどであった。当時財政の重鎮であった王鉷《おうきょう》の判官に抜擢されたのも、そのためである。

❖楊国忠出世の鍵

楊国忠は軽率な点が多く、教養に乏しく朝臣の笑いを買った反面、恰幅《かっぷく》のよい立ち居振舞いも堂に入り、弁説さわやかな、玄宗好みの人物でもあった。そのうえ、このように文簿《けいり》能力にすぐれていたことが、頭角を現わす重要な鍵、逆にみれば、そのような能力を必要とする時代が到来していたことを証明するもの、といえはすまいか。

玄宗朝は前にふれたように、兵制の改革によって軍費は莫大なものにふくれあがり、さらに令外《りょうげ》の官つまり臨時職員、新設の官員が増加し、その俸給は宮廷生活の奢侈《しゃし》とともに財政を苦しめる原因ともなった。そこで玄宗は運河を利用した江淮《こうわい》地方の物資輸送に力を注ぎ、即位の直後には水陸運使という漕運の職掌を新たに設け、七三四年（開元二二）には裴耀卿《はいようけい》の改革案をもとに江淮河南転運使をおき、組織的な大漕運事業をはじめ、三年で七〇〇万石を運び財政を大いに潤わせたのである（浜口重圀「唐の玄宗朝に於ける江淮上供米と地税との関係」、青山定雄「唐宋時代の転運使及び発運使」）。

内人双陸図（唐　周日方　　台北　故宮博物館）

財務の重要性はいつの時代も同じだが、あらゆる面にひずみが現われてきた玄宗朝以後はとくにそうである。安史の乱を境に軍事中心の国家より経済中心の国家へ変貌したというのは通説となっている。転運使などの設置はその第一歩にほかならず、開元・天宝の繁栄はこれらの漕運に支えられ、それだけ財務官僚の比重がいちじるしく増大したわけである。すでに宋の『容斎続筆《ようさいぞくひつ》』では「計臣《ざいむかんりょう》を用《も》って宰相となす」の一項をたてて注目しているように、開元初期の括戸政策に辣《らつ》腕を振るった宇《う》文融《ぶんゆう》をはじめ、初代転運使の裴耀卿は漕運事業の改革によって宰相となり、韋堅、楊崇礼、楊慎矜《ようしんきん》さらに苛斂誅求《かれんちゅうきゅう》で玄宗の信頼をえた王鉷《おうこう》などの面々もそうである。裴耀卿、韋堅らは漕運があまりにもうまくできすぎ、かえって李林甫の猜疑心をあおり失脚したほどである。楊国忠もやがて「好度支郎」の名に恥じないほど財政に力を注ぎ、「府庫の充実ぶりは古今に比肩できるものはあるまい」と自画自賛しており、群臣を従えて府庫を視察した玄宗が、あまりの豊饒さに驚く一幕さえある。貴妃の恩寵をバックにのしあがったのは否定できないが、一門のあいだで血のもっとも薄いかれが、最大の権勢をもてた理由はやはり、あの李林甫

大運河

さえ破滅に追い込んだ奸智と、時世にふさわしい財務的才能を備えていたからだと思われる。

❖楊氏五家合隊

楊国忠の登場にともない楊氏一門の繁栄はいやが上にも盛りあがった。玄宗には影の形に添うようにつき従い、玄宗に、

朕の寝所に将軍がおれば、安堵する。

といわせた高力士がいる。権勢を誇る李林甫も、さすがに高力士には一目おき、四方からの進奏はかれの手をへて上呈されるほどであった。だがこの高力士さえ貴妃のおでましには、馬の轡《くつわ》をとり、鞭をうやうやしくささげたというから、その羽振りのほどが察せられよう。貴妃の恩寵は当然一門に及んだ。『通鑑』は、かれらの横暴な振舞いを、つぎのように書きたてている。

貴妃の姉たちが禁中に伺候するごとに、玉真公主（玄宗の同腹妹）らは自分の席に坐ることさえはばかった。三夫人と楊銛、楊錡を加えた五家の請託や地方官の応迎ぶりは、皇帝の命を承わるよりも峻厳であった。四方からの賂遺《ろい》は五家の門に輻湊《ふくそう》し、ただ人に遅れまいと朝な夕な狂奔した。皇子、皇孫の婚嫁には、みな千緡《せんみん》（銭百万）を韓国、虢国両夫人に賂《まいな》いすれば望みどおり運ばないことはない。玄宗の賜物、四方の献上品は五家均等に配分される。五家は第宅の荘麗さを競いあい、一堂の建造に一億銭をオーバーする経費をかけ、落成ご他の第宅より見劣りがすれば、すぐさま毀《こわ》して改築させた。

五家については清の趙翼がいうように（『陔余叢考』）、のちに楊国忠を加えるが、かれらは驪山にも大邸宅を与えられ、甍《いらか》を接して互いに華美を競いあった。玄宗に従い華清宮に行くときは、まず楊国忠の屋敷につどい、各家ごとに僕童、召使いにそろいの衣裳をまとわせ、楊国忠を先頭に旌節《はたさしもの》をおしたて、隊伍を組んで粛々とくりだす。これを五家合隊と呼び、その錦繍、珠玉の色は照り輝き、都人の目を奪うものであったといわれる。

❖虢国夫人の傍若無人ぶり

五家が元旦の夜、そろって遊興にでかけた途次、玄宗の娘、広平公主の一行と鉢合わせ、ささいなことから従僕《こもの》どうしが喧嘩をはじめた。だいたい「凡《すべ》て行路の間、賤しきものは貴きものを避け、少《わか》きものは老いたるものを避け、軽きものは重きものを避ける」(『唐六典』)のがきまりである。ところが公主は楊家の下僕がふるった鞭で落馬し、公主の夫も鞭の洗

李白

麗人行

唐の宮廷生活　玄宗皇帝の侍女たち　（沈香亭の図）

礼を受けた。この侮辱に公主は玄宗に泣いて訴えたが、犯人の下僕を殺しただけ。楊氏一族にはついにおとがめはなく、かえって公主の夫が官を罷免されてしまったという。五家のなかでもっとも傍若無人ぶりを発揮したのは虢国夫人で、工匠を率い先朝の名臣の屋敷におしかけ、家屋をかってに壊して自分の邸宅を造り、その家族にはわずかの隙地を与えるようなことを平気でやっている。杜甫の詩、（一説には張祐作）に「虢国夫人」と題する絶句がみえる。

虢国夫人、主《みかど》の恩を承け
平明、上馬して宮門に入る
却《かえ》って嫌う、脂粉の顔色を涴《けが》すを
淡掃《うすげしょう》の蛾眉《がび》、至尊《おおきみ》に朝《まみ》ゆ

姉妹四人のなかでもっとも容姿端麗といわれる彼女は、このようにほとんど化粧もせず、乗馬服に身を固め宮中を闊歩したのである。また楊国忠と昼夜へだてなく往来し、轡《くつわ》を並べて馬を駆り、二人の淫靡《いんび》な仲を知る世間は、側目し顔を覆ったといわれる。懸命の努力もむなしく、わずかの禄にもありつけない愛国の詩人が、夫人の人もなげな振舞いに、どのような感懐をいだいて詠《うた》ったことであろうか。

楊国忠が吏部尚書（人事院総裁）を兼ね、科挙の試験を担当したときのこと、受験者を自分の屋敷に招き、五家の連中ともども銓選《はんてい》を行なった。簾《すだれ》ごしに見物する虢国夫人らは、試験地獄のため数十年の浪人生活で老いた者や、顔の青白い者、醜陋《しゅうろう》の者などを指さして大笑いし、辱しめたという（『唐会要』）。吏部で行なう試験の第一は、身＝容姿であったから、彼女らに笑われた者が落第させられたのは、いうまでもない。

❖鴛鴦《おしどり》の衾《しとね》

このように話題の豊富な五家に比べ、貴妃はむしろ表面には立たず、時おり嫉妬の果てに玄宗と痴話《ちわ》喧嘩を演ずるほかは、政治にも介入せず、割合い好感のもてる態度を持したようにみえる。彼女と玄宗の生活は以前に書いたこともあるので割愛し、壮年時代の三年ほどを宮廷詩人として玄宗に仕えた李白が、華やかな殿中の生活を詠《うた》った「宮中行楽詞」から、第二首だけを引用しておこう。

　柳色は黄金にして嫩《やわら》かに
梨花は白雪にして香《かんば》し
玉楼に翡翠《かわせみ》の巣くい
珠殿に鴛鴦《おしどり》を鎖《とざ》す
妓《まいひめ》を選んで雕輦《ちょうれん》に随わしめ
歌《うたひめ》を徴《め》して洞房《どうぼう》を出だしむ

李白、高力士に靴をぬがするの図

飛燕は昭陽に在り

春爛漫《らんまん》の、のどかな風景に繰り広げられる玄宗の優雅な生活、漢代随一の美女趙飛燕《ちょうひえん》になぞらえるのは、ほかならぬ楊貴妃である。そういえば柳と楊、梨花と梨園の名花、風景にかけて貴妃の色香を賞《め》でた二句につづき、夫婦仲のむつまじいことで知られる翠《おすかわせみ》と翡《めすかわせみ》の巣ごもり、鴛《おすおしどり》と鴦《めすおしどり》のしとねには、玄宗と楊貴妃の契りを暗示している。

鶯の歌は太液に聞え
鳳《おおとり》の吹《こえ》は瀛洲《せんきょう》を遶《めぐ》る
素女は珠佩《しゅはい》を鳴らし
天人は綵毬《さいきゅう》を弄《もてあそ》ぶ
今朝、風日好し
宜しく未央に入りて遊ぶべし

興慶池の北岸にあった沈香亭に牡丹《ぼたん》の宴が張られたとき、居酒屋に泥酔していた李白が、そこに招かれて作ったといわれる「清平調詞」三首とともに、直接貴妃をあつかった詩として有名である。

反乱前夜

❖獅子身中の蟲

楊国忠の権勢が決定的となったのは七五〇年（天宝九）ごろである。栄枯盛衰は世のならい、前後一九年に及ぶ李林甫の時代は、その前年から破綻がみえはじめ、罪状二十数条をあげて糾《きゅう》弾《だん》する者さえ現われる始末。刺客を恐れて常時百余のボデーガードを従え、家でさえ二重壁、二重鍵の部屋を用い、家人でも居場所がわからぬほどであった。鬱積《うっせき》した憤懣《ふんまん》は、わずかの震動でなだれをひきおこしやすい。また王朝より家運の浮沈が大事であり、明哲保身に汲々《きゅうきゅう》たる官僚が多い。かれらが限界のみえた李林甫にすばやく見切りをつけ、「奇貨、居《か》うべし」とばかり楊国忠に鞍《くら》がえするのも当然であった。楊国忠もここぞとばかり、寝返った官僚を駆使して李林甫一味の失脚に奔走する。禄山もこれに一枚かんでいたらしい。両者の死力を尽くした抗争はみごとであるが、七五一年（天宝一〇）一〇月、李林甫は病床に伏す身となり、意気揚々と見舞いに訪れた楊国忠に、家族の将来を託してさびしく瞑目する。けれども楊国忠は葬儀も整わぬ間に安禄山と結び謀反の罪をデッチあげ、あわれにも李林甫は官爵をはぎとられ、財産はすべて没収のうえ、屍まで貧弱な棺に移されてしまった。

このようにして今や政界の覇者となった楊国忠の羽振りは驚くべきものがあった。宰相のほか四十余使を領したといわれ、『容斎続筆』には、その使職を逐一記している。『新唐書』食貨（経済）志に、

開元より後、使を置くこと甚だ衆《おお》く、使ごとに各おの雑銭を給せらる。宰相の楊国忠は身に数官を兼ね、堂封《（サラリー）》の外、月ごとに銭を給《たま》うこと百万。幽州平盧節度使安禄山、隴右《ろうゆう》節度使哥舒翰《かじょかん》の給うところも、亦《また》百万を下らざりき。

とみえる。玄宗時代には官僚の俸禄を物価によって決定する、一種の変動相場制を採用しているので一概にはいえないが、衛国公（月俸六〇〇〇銭、食料費一八〇〇、雑費一二〇〇、防閤費一万五〇〇〇、計二万四〇〇〇銭）、食実封三〇〇戸（一戸平均の税二五〇〇銭の三分の二が封建された者の所得となる。2500×300×2/3＝500000。礪波護「隋の貌閲と唐初の食実封」）以下、司空、吏部尚書、御史大夫、中書令といった職分銭のほか、職分田、公解本銭などの給付（築山治三郎「官僚の俸禄と生活」）、さらに四〇に余る使職の給与が百万を下らないというのである。けれどもこれら正規の所得さえも、下賜品や献上納付金、賄賂など雑収入にくらべ雀の涙に等しかっ

たとすれば、その全収入はどれほどの額にのぼったか想像もつかない。ちなみに当時の米価は一斗（約二リットル）一〇銭から三〇銭程度であった。

わが世の春を謳歌する楊国忠にくらべ、禄山は内心穏やかならざるものがあったようである。それは禄山もポスト李林甫に野望をいだいていたからである。李林甫打倒に楊国忠と利害が一致したものの、当面の敵を倒したあとには、もはや協調するいわれはない。両者のあいだが急速に冷却していくのも当然であった。一たび政権を手中におさめ、華やかなスポットライトを浴びた者は、それを失うまいとする。楊国忠も例外ではなく、最大の軍閥である無気味な禄山を警戒し、今度は禄山と犬猿の仲であった隴右《ろうゆう》節度使の哥舒翰《かじょかん》と結び、禄山を排斥しようと企てた。哥舒翰が河西節度使を兼ね、西平郡王に封ぜられたのには、禄山と対抗するに十分な兵力と地位を、哥舒翰に与えておこうとする楊国忠の意図が、ありありとうかがわれよう。

❖恩寵のうらおもて

両者の確執が深まった七五四年（天宝一三）正月、禄山は入朝した。これも楊国忠が、いっかな衰える兆《きざし》のない玄宗の、禄山に対する恩寵に業を煮やし、試みに禄山を召聘《しょうへい》するよう進言したためである。絶対に召聘には応ずまい、という楊国忠の見込みを完全に裏ぎり、禄山は取るものも取りあえず参内したわけである。玄宗に拝謁した禄山は、雑胡の身をもって重責に任用された恩顧に感謝を述べ、楊国忠のそねみのため、余命いくばくもない窮地に追い込まれていることを涙ながらに訴えている。恩寵の世界とは心理闘争の場でもあり、相手の動静を的確にとらえ、着実に布石を打たねばならない。楊国忠の自信ありげな様子に、ふと疑心暗鬼にかられた玄宗であったが、すぐさま召聘に応じた禄山に微妙な心の変化をきたしている。その動揺をすばやく感じとり、情念をたくみにくすぐる禄山のテクニックなのである。玄宗は側近が疑えば疑うほど禄山に憐憫《れんびん》の情をいだく。もし禄山の逆心を認めるとしようか、禄山の才覚と忠誠心を高く評価してきた玄宗は全面的に自分の非を宣言するに等しい。すぐれた鑑識眼をもち人材を発掘するのが皇帝たる必須《ひっす》の条件であるから、これでは天下人としての器量を疑われるやもしれず、誇り高い玄宗には耐えがたい屈辱でもあったからにちがいない。

正月九日、禄山に尚書左僕射《しょうしょさぼくや》を加え、食実封一〇〇〇戸を賜い、二子に二品と三品の官を授く。

二四日、禄山に閑廄苑《かんきうえん》内営田五方隴右郡《ろうゆうぐん》牧都使、度支使、営田使を加え、御史中丞の吉温を郡牧副使となす。二六日、禄山に兼知総監事を加う。

という常軌を逸したとしか思われない禄山への贈与は、禄山の心理闘争の勝利であると同時に、玄宗自身の複雑な感情や自負心が、からんだ結果だと思われる。この閑廏苑郡牧使は軍馬飼育の官長である。中国は良馬に乏しく、軍馬の大部分を遊牧民族に求めた。唐でも馬市が開かれ、交易で得た馬は四八の地域に振り分け郡牧監を置き、一旦緩急の際に備えており、郡牧監の長官が知総監事なのである。この職は禄山が願いでたという。もし玄宗が冷静に判断したならば禄山の要請がなにを意味するのかを諒解できたはずである。こうして禄山は軍馬を一手に握る職をまんまとせしめ、ひそかに副使の吉温に命じ各郡牧監から優秀な馬数千匹を選び、特別に飼育させたのであった。

機を見るに敏な禄山は、ここを先途と不遜な要請を矢つぎばやに行ない、麾下の将士に論功行賞を求め、破格にも将軍位を授かった者五百余人、中郎将は無慮《むりょ》数千人にのぼった。これは翌年二月、漢人の将軍三二名を、すべて蕃将にかえるよう申し出ていることと同様に、反乱準備のための、禄山一流のどす黒い計算であるのは明白である。禄山がおそれるのは唐の軍事力ではない。百数十年の歴史を誇る支配の重みであり、民族的な感情である。現今の国家意識とは雲泥の相違はあろうと、永年のあいだにつちかわれてきた唐室に対する民衆の感情は、体制を擁護し政治や社会の秩序を維持する意識とまざりあい、強くはね返ってくる。また唐代は民族意識がかなり稀薄だとはいえ、それも平和のときのこと、戦火がおこれば対立感情がむきだしになるのは必至である。だから将兵には事あるごとに恩義を売り、歓心を買わねばならない。そうした配慮からやがては漢将更迭にまで踏みきったのであり、ここに安史の乱を民族闘争だと規定する性格が浮き彫りにされているのである（伝安革「唐代安史之乱的発動与拡大」）。

禄山を傍若無人な要請にかりたてた、もう一つの理由らしきものがある。玄宗は禄山を宰相に任じようと、翰林学士《かんりんがくし》の張垍《ちょうき》に辞令を書かせたが、その直後、楊国忠から文盲の禄山を任じては蕃族の軽蔑を招くと横槍がはいり、見返りに左僕射を授けることになった。反逆を決意した禄山も、位人臣《くらいじんしん》をきわめる宰相職は、やはり垂涎《すいぜん》の的であったらしく、ことの次第を張垍からもれきき、落胆するとともに、楊国忠への憎悪をいやがうえにも燃えたたせている。たぶん名が駄目なら実をとるのが肝要と際限もない要求に切り替えたのであろう。ただ損益あい償った感じの禄山に、わずかばかり快哉を叫ばせるできごとが、都を出発する直前におこった。

望春亭に見送った玄宗は、別離に臨み衣を脱いで餞《たむ》けた。恐懼《きょうく》からわれに返った禄山は、幸先よしと肯き、衣を奪い返されてはならじと、疾風のように馬を駆り関所を抜け、淇門《きもん》から黄河を船で下った。さきざきの郡県では船夫《かこ》が索板《ひきいた》、索縄《ひきづな》をたずさえ、河岸に整列して待ちかまえ、禄山の到着と同時に船をひきつぎ、一日に三、四〇〇里をつっぱしった(『事迹』)。

御物には皇帝と同じ意味がある。皇帝の衣は黄袍《おうほう》とか竜袍《りょうほう》と呼ばれ、臣下が絶対に袍《まと》うべきものではない。皇位継承の象徴には玉璽があるが、御衣もそれに近い役割をもつ。のち蜀から都へ帰る玄宗が、出迎えた粛宗に黄袍を着せようとしたとき、粛宗が必死に辞退するシーンがあるのも、黄袍が位を譲る証《あかし》だからである。衣を授けた玄宗は恩寵を最高度に示すつもりだったとしても、禄山は「玄宗にかわり天下を取れ」との天命と解釈したかったに違いない。フィクションらしい面もあるが、それだけに禄山の真意を伝えているようでおもしろい。ただ一瀉《いっしゃ》千里、昼夜兼行で突っ走ったのは、衣のためではなく、楊国忠の奸策にはまる危険を恐れていたためである。これが玄宗、そして楊貴妃との今生の別れとなった。

❖最後通牒

さて、長安の東郊、長楽坡まで見送った高力士がもどると、玄宗は禄山の様子をたずねた。

宰相になれず失望したのか、快快《おうおう》としておりました。

高力士の答えに、楊国忠が「一件をもらしたのは張垍にちがいない」と言上したため、張垍は即刻瀘渓《ろけい》郡の司馬へ左遷された。張垍は開元時代の元勲張説《ちょうえつ》の次男で、玄宗の娘である寧親公主の婿に選ばれた人物。盛唐文学の先駆者であった父（吉川幸次郎「張説の生涯とその文学」）の血を受け、文筆の才に恵まれ、禁中に屋形をたまわり、つねに玄宗の側にあって文翰を担当するほど玄宗のお気に入りであった。かれが例の経緯《いきさつ》をもらせば真先に疑われ、発覚した暁には処罰されることを知らないはずはない。禁中の秘密漏洩《ろうえい》の罪は、重ければ絞刑である（『唐律疏議』職制律）。けれども一途な怨憎は分別を忘れ軽挙妄動にかりたてるものらしい。自負心の強い張垍は成り上がり者の楊国忠とは肌があわず毛嫌いしていた。また同病あい憐れむといおうか、張垍も玄宗の指名により十中八、九まで手中にしていた念願の宰相職を、楊国忠にはばまれた苦い経験があり、鬱積していた憤懣から愚痴ともつかず禄山にもらしたのであろう。だがその報償は大きく、兄弟二人も左遷されてしまった。のち張垍兄弟がいちはやく禄山軍へ降伏するのは、この事件が伏線となっているようである。

ともかく范陽に帰った禄山は張垍兄弟の処罰を知ると、憂慮のあまり急ぎ兵をあげる決意さえしたといわれるが、禄山にはなんの咎めもなく、むしろ禄山の反逆を取り沙汰する者を捕え、范陽に送りとどけさえしている。これも讒言によって、かえって禄山を反乱に追い込むことを懸念する気持ちが、玄宗には強く働いていたためだと思われる。

漢人将軍の更迭を求めた翌年二月の申し出は、禄山が玄宗につきつけた最後通牒にも等しい。しかし玄宗は楊国忠の忠告にも耳をかそうとはせず、即座に裁下し、全員の辞令をしたためさせている。やむなく楊国忠は、

禄山に念願の同平章事（宰相職）を与えて都に呼び寄せ、かわりに賈楯《かじゅん》を苑陽に、呂知誨《りょちかい》を平盧に、楊光翽《ようこうかい》を河東の節度使に任命すれば、いかがでございましょう。

と新手をあみだした。三人とも楊国忠の腹心である。玄宗も同意はしたが辞令は出さず、宦官に禄山の動静を探らせた結果、またも禄山の手練手管に骨抜きにされた宦官は、禄山の尽忠報国ぶりを吹聴《ふいちょう》し、「二心なし」と得々と言上したため、せっかくの計略も水泡に帰してしまっ

たのである。

使者が帰らない前のこと、玄宗は机上に白麻を置いて端座していた。宰相、将軍などの任命書には白麻紙を用いるしきたりだからだが、使者の帰朝報告を聞くやいなや、得意げに

　さもあろう。きゃつが逆心をいだくはずがない。例の詔書は朕が焚《や》き棄てておいたぞ。

といったという。報告次第によっては楊国忠の言葉が現実になるかもしれないという不安におののく微妙な心理状態をさらけだし、内心安堵の胸をなでおろしながらも、起草もせぬ詔書をさも焚き棄てたかのようにポーズをとる、玄宗の弱く哀しい姿をかいまみるようなエピソードではないか。

　腫瘍の治療にたとえよう。投薬によってうみを散らす方法と、切開手術して徹底的にうみをだす方法がある。恩寵という餌で反乱を防ごうとする玄宗の処方が前者なら、強引に反乱を誘発させ禍根を絶とうとする楊国忠の処方は後者にあたる。どちらも理にかなってはいるが、それには医者の冷静で的確な診察、病状の分析が要求される。だが薬剤で散らすには禄山といううみはあまりにも大きくはれあがり、診察医の玄宗たるや気力は失せ知恵は曇り、ただ安逸だけを願う老医でしかない。かたや手術を主張する楊国忠は腫瘍を憎悪する感情だけ。外科医にふさわしい才覚も技量も持ち合わせず、助手や看護婦は意のままに動かず、メスは錆《さび》つき縫合を誤り、唐という患者は長いあいだ、生死の境を彷徨《ほうこう》したあげく、完治せぬまま死へとおもむ

くのである。

❖太平の夢醒めず

しかし楊国忠の強引な誘導作戦は、しだいに効果をあげはじめる。楊国忠は召使いに禄山の陰事をあばかせ、京兆尹《けいちょうのいん》（都知事）に命じ都にある禄山邸を囲ませ、禄山の一味を捕え拷問にかけたあげく、みなくびり殺すやら、禄山の片腕である吉温を澧州《れいしゅう》に左遷したり、あらゆる策を講じて禄山を挑発しようとやっきになった。案の定、都にいる長男の安慶宗から密報を受けとった禄山は烈火のごとく怒り、二十余条に及ぶ楊国忠の罪を数えたてた上奏文をしたため、厳しく糾弾した。このときは、あわてた玄宗が京兆尹にすべての罪をかぶせて貶謫《へんたく》したので、ことなきをえたが、禄山は皇帝の使者にも病気と称してあわず、あるいは完全武装のボデーガードを従えて応対するなど、無礼千万な振舞いにでている。もはや覆水盆に返らず、あとは騎虎《きこ》の勢いだけであることを、十分悟っていたからに相違ない。

これ以後、反乱にいたるまで長安と范陽に展開される虚々実々のかけひきは、まことにみものである。六月、長安より「息子の安慶宗に皇族の女を娶《めあ》わしたいから、華燭の典に出席されたし」と招待状がくれば、禄山は病気を口実に辞退する。七月、逆に禄山から、馬三〇〇〇頭、鞍轡《あんび》一〇〇副《そろい》を献上したく、ついては一頭に馬丁両名、輜重車《しちょうしゃ》三〇〇台に、

宮中図（宋　模本　周文矩）

杜　甫

おのおの車夫三名をつけ、蕃将二二名に護送させることを
許可されたし。

と申しでれば、献上は冬に延期すること、護送の者も中央から派遣することとわる。献上品にことよせ馬丁・車夫に偽装した七〇〇〇の兵を事前に送りこみ、時いたれば、いっせいに内応させようとした禄山の魂胆を見破ったからである。あまつさえ玄宗は禄山のため新しい温湯を増設したと伝え、

十月、華清宮にて、入朝さるるを待つ。

と書き送るなど、手をかえ品をかえた外交戦は、月を追って事態が緊迫していく様《さま》をみごとに伝えてくれる。こうして破局は訪れるが、眦《まなじり》を決した禄山にくらべ、唐側はなんらの対策も講じようとはせず、いたずらに時をすごし、玄宗は楊貴妃をともない、はやばやと華清宮に向かい、あいもかわらず歓楽の毎日をおくっていたのである。

反乱直前の一一月上旬、宿願がかない、はじめて右衛率府《うえそっぷ》（近衛軍）の兵曹参軍という微官にありつけた杜甫は、飢えに迫られ寒さに震えながら、ひたすら朗報を待ちのぞんでいるであろう奉先県にいた妻子のもとへ、夜半の霜をついて都をあとにした。その途上、驪山をよぎる。破局の訪れも知らぬげに、太平の夢をむさぼる華清宮。そこにくりひろげられる典雅華麗なる生活ぶりを想うにつけ、国家の将来を憂い、民衆にふりかかる苛酷な運命に涙し、あまりにもへだたるわが身の境遇に、いい知れぬ憤りと悲しみにかられたのか、かれは「京《みやこ》より奉先県に赴《おもむ》く詠懐五百字」と題する長編の詩に託して、おのが心を綿々と詠《うた》いあげている。

晨《あかつき》を凌《つ》いで驪山を過《よぎ》れば
御榻《たかみくら》は嵽嵲《てつげつ》に在《おわ》せり
蚩尤《はたさしもの》は寒空を塞《ふさ》ぎ
崖谷の滑《なめ》らかなるに蹴踏《たたら》すれば
瑤池に気は欝律《もうもう》たり

羽林《もののぐ》は相い摩戛《まかつ》す
君臣は留まりて歓娯し
楽動いて膠葛《あたり》に殷《どよ》もす
浴を賜うは皆長纓《たっときひと》にして
宴《うたげ》に与《あず》かるは短褐《いやしきひと》には非《あ》らず

——下略——

V

国破れて山河あり

洛陽の陥落

❖太原への別動隊

禄山軍の進撃は疾風にも似てすさまじく、現在の京広鉄路ぞいに毎日約四〇キロのスピードで南下している。この本隊を離れ大行山脈を西に横切り、北都太原へ向かう二〇騎ばかりの一隊があった。今日の太原は人口三〇〇万余、石太、同蒲鉄路をはじめ幹線道路が集まる山西第一の都会だが、唐代でもやはり中心都市であった。ただ汾水《ふんすい》をへだてた西岸にあり、城壁は周囲一四キロ、北は遊牧民族と提携しやすく、東は大行山脈を越えて河北をうかがい、西は天然の要害、黄河に護られ、南に向かえば汾水ぞいに関中平野を制扼《せいやく》できる。春秋戦国のころ、すでに山西の要《かなめ》として将来が約束されたが、幷州《へいしゅう》の鋏《はさみ》で代表される鉄、皮革製造の明礬《みょうばん》など資源や産物の豊かな土地であった（宮崎市定『五代史上の軍閥資本家』）。この立地条件を背景に唐の高祖李淵は隋末の喪乱に乗じて兵をあげ、遊牧民族と手を結び、周辺の豪族を糾合《きゅうごう》しながら長安へ攻めのぼった、いわば太原は唐にとって王業発祥の記念すべき土地である。西都（長安）、東都（洛陽）についで北都に指定されたのも、そのためであった。唐が滅び五代十国の時代にも後唐・後晋・後漢と中原に鹿をおった有力な群雄が、やはりここからスタートしているように、太原一帯は独立できる力を備えている。蔣介石と台湾に逃れた閻錫山《えんしゃくざん》が、かつて中華民国の成立と同時に山西モンロー主義を唱え、地方軍閥としてはもっとも長命を保てたのも、それを裏づけている。

禄山は七五一年（天宝一〇）以後、太原に根拠をもつ河東節度使を兼ねてきたが、山西を確実におさえて洛陽を攻略すれば、残る都は長安一つ。北と東より逼《せま》れば、彼我《ひが》に与える心理的な効果は、はかり知れなかったろう。だがなぜか、かれは最後まで山西を掌握しようとはせず、かえって唐軍が山西から河北へ進出することによって、苦汁をなめることになる。では別動隊が太原に出向いたのは、いったいなにが目的であったのか。

太原を守っているのは楊光翽《ようこうかい》であった。楊国忠が宰相の肩書きを餌に禄山の兵柄を奪い、かわって河東節度使にすえようとした、あの男である。私情による人事を得意とする楊国忠が推挙するのであるから、有力な側近にちがいない。記録にはみえないが、楊国忠の一族でなければ、同姓の誼《よしみ》で宗族らしくとり入った人物であろう。この男、太原に到着した別動隊長に弓箭《きゅうせん》手《しゅ》を送りとどけにきたとだまされ、のこのこ郊外へ出迎えにいったところを捕えられ、禄山の待ちうける博陵へ拉致《らち》されてしまった。『事迹』にはつぎのようにいう。禄山は楊光翽を殺したのち、その罪状を数えあげた檄文をしたため、末尾に、

楊光翽、すでに縛につけり。

国忠あによく命ながらえんや。

と書き加えて四方に飛ばした。その当日は寒風が吹きすさび、すさまじい光景であったが、檄文にこめられた禄山の呪《のろ》いは、いっそう読む者の心胆を震えあがらせたと。明らかに禄山のねらいは楊国忠の腰巾着《こしぎんちゃく》を、まず血祭りにあげ、いささか溜飲を下げて将兵の士気を鼓舞するかたわら、あくまで罪は楊国忠にあることを満天下にさらし、楊国忠の首に白刃を擬すそぶりを表わそうとするものであった。けれどもわずかの私怨や小細工に目がくらみ、山西をほったらかしにするなど、大局を見誤る愚を犯したわけである。

❖禄山何するものぞ

禄山挙兵し、楊光翽《ようこうかい》拉致さる。

太原から発せられた緊急連絡が華清宮にとびこみ、あい前後して中受降城からも速報がとどけられた。内外が愕《がく》然と色を失ったのはいうまでもない。このころ、緊急の伝達法には、早馬と烽火《のろし》が使われている。かの張九齢が多くの鴿《はと》を飼って、友人知己に書状をとどけさせ、飛奴

と呼んでいた話（『開元天宝遺事』）もあるので、伝書鳩もあったかもしれない。ただ『南部新書』などに、外国では飛鳥使という伝書鳩を使っていると物珍しげに書いているところをみると、正式には用いられていなかったとも思える。烽火は周の幽王の話（烽火台）を紹介したように歴史は古く、便利で迅速であるため反乱・入寇にはこれが用いられてきた。だいたい三〇里（一三・六キロ）ごとに一烽候をおき、敵軍の多少に応じて送信が違う（仁井田陞『唐令拾遺』）。だから禄山の旗上げも、いちはやく都に通報されたはずなのだが、遅れているのは禄山軍の行動が隠密かつ迅速すぎたためであろう。

禄山の逆心は予測されてきたものの、まさかの気持ちも強く、玄宗などは「禄山を憎む者のデッチあげだろう」ぐらいに、半信半疑の態であった。だが流言蜚語《ひご》ではなかった。刻々とはいるニュースに焦燥の色は深まるばかり。翌日、御前会議が催され、対策が協議される。ただ一人、わがこと成れりと満足の微笑《えみ》をたたえているのは楊国忠であった。

叛いたのは禄山一人。将兵は是非もなく与《くみ》して はおりますが、陛下に弓を引く気は毛頭ございますまい。一〇日もたたぬ間に、必ず彼奴《きゃっ》の首を闕下《けっか》に献上する者が現われましょう。

さっそく、洛陽と河東に将軍を派遣し、数万の兵を募って防御させることになった。この大言壮語は、結果的にみて噴飯ものだが、あながち宿願を遂げた楊国忠の、場あたりな発言とば

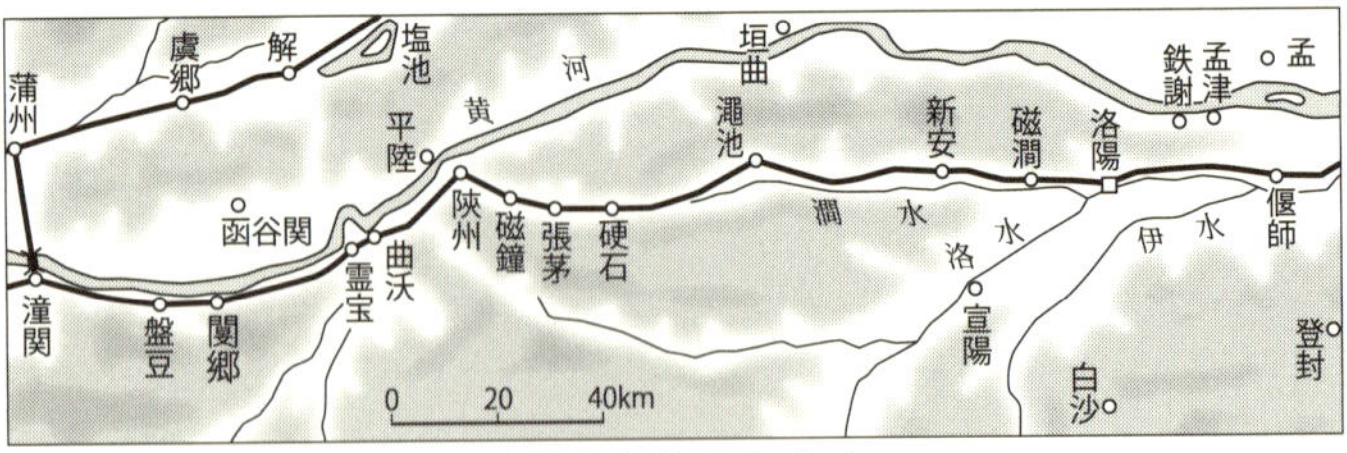

洛陽長安道程図（一）

かりはいえない。楊国忠が禄山の実力を甘くみていたのは前に述べたが、ショックからさめた首脳陣には、かなりの動揺はありながらも、大唐帝国という虚像に眩惑《げんわく》され、禄山なにするものぞという空気がただよっていたらしい。それは翌日、たまたま入朝した安西節度使の封常清《ほうじょうせい》がみせた言動にも、よくあらわれている。

❖封常清と烏合の勢

封常清はやせぎすで類目《よりめ》、短脚で足が不自由、ふた目とみれぬ貧相のうえに、赤貧洗うがごとく、おまけに孤児という、不幸を一身に背負って生まれたような人物であった。養育してくれた外祖父が罪に問われて安西に流されたので、そこに住みついた。祖父の薫陶《くんとう》を受け学問にいそしんだが、時の節度使高仙芝のはなやかな生活を垣間《かいま》みて発憤した。あまりの醜さに辟易《へきえき》する高仙芝を、強引に口説きおとして幕吏となり、戦術にたけ文筆にすぐれ、弁説さわやかな異能ぶりが認められた。またかずかずの戦功と統率力によって、とんとん拍子に出世し、七五二年（天宝一二）には、安西節度使にのしあがったのである。官吏登用の試験に、容姿が第一条件とされる時代、武官とはいえ禄山と同じようにけたはずれの醜さで、この地位をえたのは、なみの人間ではなかった証拠であろう。

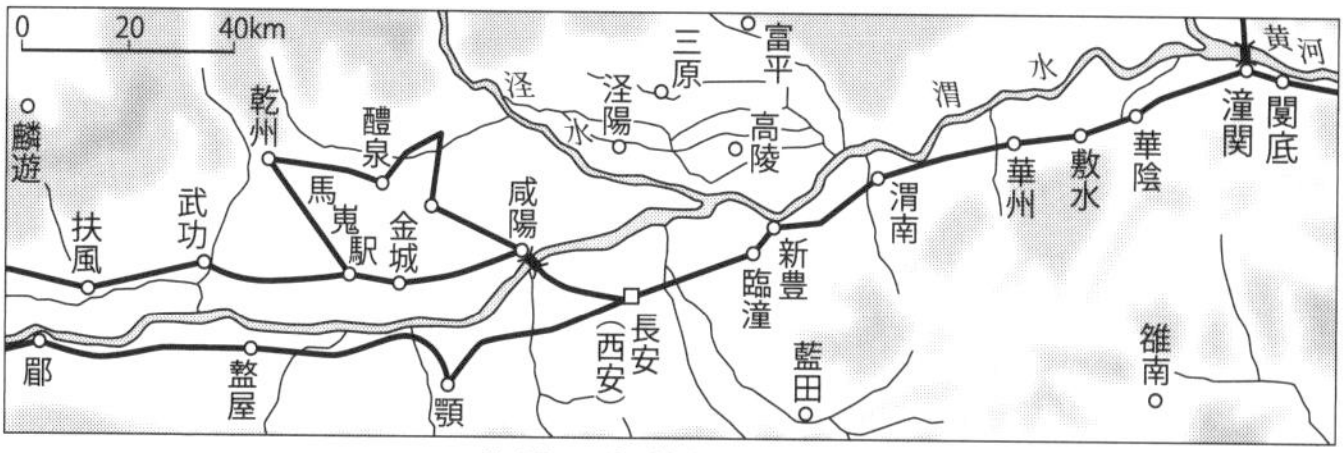

洛陽長安道程図（二）

玄宗は封常清に「方策いかに」と訊《たず》ねた。かれはいとも簡単に、こう答えている。

禄山奴が兇徒一〇万を率い、中原を狙っておりますのは、久しく太平の御代がつづき、国民に戦争の経験がないからでございます。なれど物事には順逆が、趨勢《すうせい》には奇策がつきまとうものです。おまかせあれ。それがしが洛陽に馬を走らせ府庫を開き、馬に箠《むち》ち黄河をおし渡り、期日どおり禄山奴の首級をあげて、叡覧《えいらん》に供してみましょう。

意気軒昂な封常清の言葉に、玄宗は悦び、禄山の范陽・平盧両節度使の肩書きをはぎとり、封常清に授けて洛陽へ出発させた。その気概やよし。だが武官にはめずらしく教養はあり、軍略にも秀でた苦労人の封常清にして、なおこの程度の状況判断では、温室育ちの文官など、皆目わかるはずがない。ただ彼我の兵力をくらべ、根拠地を離れて戦う禄山軍の不利を皮相的に眺めては慰めあっていたにすぎまい。封常清はまたたくまに六万の兵をかり集め、河陽橋を切りおとし、たくみに洛陽防衛の体勢を整えはした。けれどもいかんせん、頭数はそろえても、普段に数倍する報償金に目がくらんで参加した烏合の衆、市井の無頼どもを募った、にわか仕立ての軍では、一騎当千の禄山軍に、とうてい太刀打ちできるはずはない。自分の軽薄さ、読みの甘さに臍《ほぞ》を噛み、やがては敗軍の罪に問われ、痛恨に満ちた遺言状をたてまつり、刑場の露と消えることになる。

❖洛陽の溝幾ばくぞ

封常清が洛陽へ向かった三日後、長安へ帰った玄宗は、すぐさま禄山の長男安慶宗と、その妻子らを斬りすて、各地に処刑のあらましと、禄山の首に莫大な賞金をかける旨の高札をださせた。おもしろいのは、禄山とは犬猿もただならぬ従兄の安思順兄弟に、即刻、戸部尚書、太僕卿などの官を加えていることである。あきらかに両者の感情的な対立を利用する魂胆がうかがわれ、そこにまた、禄山に対する激しい憎悪がむきだしにもなっている。こうして安思順はじめ郭子儀《かくしぎ》、程千里《ていせんり》、王承業《おうしょうぎょう》、李光弼《りこうひつ》といった戦乱の推移に重大なカギを握る将軍らが、各要衝にぞくぞく配置される。都では御納度金《ごなんど》をばらまき十万余にのぼる兵士をかりあつめ、天武軍が組織される。それに禁軍と在郷軍人を加え洛陽の西方三三〇里（約一四〇キロ）の陝郡と、長安防衛の本丸ともいうべき潼関《どうかん》へおもむかせたのである。

一二月二日、禄山軍は霊昌へと黄河を渡った。だいたい范陽から洛陽へのルートは定州、恒州、相州、衛州、懐州をへて文字通り黄河の陽《きた》、河陽に達し、ここから南岸の孟津《もうしん》へ渡るのが主要道路である。けれども、相州から東南に向きを変え、白馬津で黄河を渡り、西に転じて滑《かっ》州《しゅう》さらに汴州《べんしゅう》、鄭州《ていしゅう》をへて洛陽へ通ずる道もある（青山定雄『唐代の陸路』）。禄山軍の進路は後者にあたり、わざと迂廻《うかい》したのには、洛陽にほど近い孟津は備えも十分であろうし、渡河の途中を襲われる危険があるのと、山東、河南を睥睨《へいげい》するには、汴州、鄭州など、江南へのびる運河を制扼する地点を、確保したかったからであろう。

これだけの大軍を渡すには、ありきたりの舟では間にあわない。破船や草木を手あたりしだいに集め、流れを横切ってゆわえつけた。ときは一二月、名にしおう寒冷の地である。一夜あければ固く凍《い》てつき、りっぱな浮梁《うきはし》ができあがった。油断もあったろうが、意表をついた渡河作戦に霊昌郡はあっという間に陥落した。河南に足がかりを得ればしめたもの、西に矛《ほこ》を転じ鎧袖《がいしゅう》一触の進撃にうつり、五日には運河の要衝、陳留《ちんりゅう》が陥ちた。洛陽へは四〇〇里（約一七〇キロ）、ここには数日前、防御のため新任の河南節度使が赴任したばかりである。破竹の進撃をみせる禄山軍の噂は噂をよび、城兵は震えおののくばかりで戦うどころのさわぎではない。太守が真先きに城門を開いて降り、禄山軍は無血入城できたのである。ところが道をはさんで城兵、城民が出迎えるなかを、得意げに入城した禄山はもちろん、城兵全員にとっても不幸なニュースが待ちかまえていた。それは安慶宗の最期である。

❖父ならんと欲すれど

玄宗が禄山の長男安慶宗などを斬り、禄山の首に賞金をかけたことは紹介した。その高札が陳留城内にも建てられたとみえ、次男の安慶緒の目にとまり、禄山のもとにとどけられたのである。知らせを聞いた禄山は天を仰ぎ地に俯して慟哭《どうこく》した。

わしになんの罪科《つみとが》があればとて、罪もない息子を殺すのか。

こうして節度使、太守以下の、一万に近い城兵は皆殺しにされた。禄山の残虐ぶりを語る事件に数えられているが、この事件を通じて、さまざまな推測が生まれる。一つには、どのような大義名分をかざそうとも、反乱を起こすかぎり人質同然の安慶宗が抹殺されることは、十分予測できたはず。禄山ほどの策士が、もっとも愛情を注いだ息子を、むざむざ見殺しにしたとは思われず、なんらかの口実を設けて、范陽に呼びもどせたであろう。救出できなかったのは、予定よりも挙兵の時期が早まったのか。もし、あくまで安慶宗を捨石に唐側の油断を誘い、犠牲も万やむをえない腹づもりであったなら、ひたすら宣撫《せんぶ》工作に心を配り、軍門に降った将兵を丁重に扱ってきた従来の態度とは、まったくうらはらな行為といわねばならない。無情な唐の仕打ちに、そして父の野心に散った安慶宗の訃報《ふほう》に接し、いまさらながら憐憫の情にせまられ、やり場のない憤りを虐殺へとたたきつけたのであろうか。それにしても、この事件は唐軍や民衆の憎悪をあおった。八日には滎陽《けいよう》さらに罌子谷《おうしこく》を攻略したものの、このあたりから本格的に激しい白兵戦が演じられているのも、陳留の二の舞を演じたくはない気持ちが、必死の抵抗へかりたてたからであろう。ことに罌子谷の将軍は獅子奮迅の働きをみせ、部下を叱咤激励して禄山の本陣に肉迫したあげく、刀折れ矢尽きて黄河に身を投じて死んだ。かくて一一日、あの封常清が守る、めざす洛陽攻撃の火ぶたが、いよいよ切って落とされることになった。

❖血染めの雪

洛陽は黄河へ注ぐ洛水の陽《きた》にあって、現在は人口五〇万ほどの地方都市にすぎない。けれども紀元前七二〇年、周の平王がここに遷都してからは、いくたびか都がおかれ、西の長安とならび世界に誇る文化の中心地であった。唐の洛陽城は隋のときに築かれたもので、周回六九里（約二八キロ）の規模をもち、東京、東都、神都などとも呼ばれている。さきにもふれたように河北、山東、河南そして江淮へとむすぶ交通の拠点にあたり、隋代につくられた運河などによって各地の物産が集散された。長安を政治都市とすれば、洛陽は経済都市、わが国の江戸と上方《かみがた》になぞらえることができよう。けれども洛陽の繁栄は唐代をもって終焉《しゅうえん》を告げる。その衰える直接のきっかけが、ほかならぬこの戦乱なのである。

さて封常清は洛陽郊外の武牢を固めていた。軍事訓練もろくすっぽ受けていない、ずぶの素《しろ》

人兵士《うと》の上に、満足な武器も持たないインスタントの軍では、精鋭をもって鳴る禄山の軍に立ちむかうなど蟷螂《とうろう》の斧《ふ》にも等しい。田承嗣、安忠志、張孝忠の率いる三軍を前鋒にはじまった禄山軍の総攻撃にあい、苦もなく蹂躙《じゅうりん》されてしまった。やむなく封常清は残兵をあつめ葵園《きえん》より洛陽の上東門へ退きながら防ぎ戦ったものの、浮き足だった軍ではどうにもならず、連戦連敗のありさま。翌一二日、禄山軍は洛陽の四門より鬨声《かちどき》をあげてなだれこみ、ついに洛陽は陥落した。封常清は翌日までふみとどまり、都亭駅さらに宣仁門へと必死の反攻を試みたあげく、禁苑の墻壁《しょうへき》を破って西へ逃れ、戦は終わった。

禄山の手中にはいった城内は、地獄絵巻さながらであった。木曾の山猿、義仲の軍がそうであったように、上洛したのは辺境の蕃兵、おまけに矢弾をくぐり抜けたばかりの血に飢えた荒くれ者である。憧れの洛陽に入城できた旨酒《うまざけ》に酔いしれ、掠奪、強姦、虐殺の日々がつづけられた。

『事迹』には反乱勃発の直前に詠《うた》われたという童謡が紹介されている。

燕燕、天まで上がり
天上の女は白氈《はくせん》を鋪《し》く
氈上には銭一貫あり

禄山と史思明は、のち位についてそれぞれに国号を燕《えん》といった。燕燕はその国、天まで上がるとは即位の意味。天上の女は天＝宀プラス女＝安（禄山）、白氈は雪。一貫の銭は一貫＝千銭＝千日の天下を予言したのだという。反乱後の作か、それまで流行していた童謡に、かってな理屈をつけたものであろうが、洛陽陥落の当日には、ちょうど一尺ばかりの雪が積もり、彼我の鮮血で紅に染まっていた。

大燕聖武皇帝

陳留が陥ち洛陽が奪われたとのニュースに、玄宗は「河北二四郡、国に殉ずる義士一人なきか」と悲憤慷慨のあまり、皇太子に監国させ、親征しようといいだした。皇太子の監国は譲位の前ぶれである。驚いた楊国忠は貴妃の姉妹たちとあいはかって、貴妃に銜土《かんど》してくれるように頼みこんだ。口に土をふくみ死人の恰好をする銜土の儀は、玄宗が親征すれば私どもは、このように死なねばならぬとの謎をひめ、玄宗を諫めたのである。

❖高仙芝とタラスの戦い

ほうほうの態で洛陽を逃れた封常清は、西のかた陜郡にはしった。ここを固めていたのは混成旅団を率いる高仙芝《こうせんし》である。姓が示すように高句麗系のかれは、異民族として出世頭の一人に数えられる人物だが、後世に名を残すきっかけは大食《イスラム》と演じられたタラス河畔の大会戦によってである。話はそれるが、この記念すべき事件を素描しておこう。

天山山脈の一支脈から北に流れ、ムジュン砂漠に消えるのがタラス河で、その中流にオアシス都市タラスがあった。ソグド商業圏の延長上に位置するため、古くから東西貿易によって繁栄しており、領有をめぐる紛争が絶えなかった。唐では、怛羅《タラ》（邏）斯《ス》（私）の音訳で紹介されるこの地方が、都頼水の名で中国に知られたのは紀元前三六年、匈奴と漢の争いからだといわれるが、タラスの会戦もまったくそうであった。七五〇年に開かれたアッバース王朝が、積極的な征服事業に転じ、この地方に勢力をのばしている唐と対決することになったからである。

開元も末ごろ、パミールに勢力をのばした吐蕃《チベット》が、西域諸国と唐のあいだを遮断した。怒った玄宗は数回にわたり征討軍を派遣したが埒《らち》があかない。そこで七四七年、高仙芝は一万の軍勢を率い、チベットと婚姻を結び唐にそむいたカシミールの小勃律《ギルギット》を伐《う》ち、国王夫妻を土産に凱旋した。（諏訪義譲「高麗出身高仙芝事跡攷」）。このときは唐の国威が西域に輝き、イスラムのウマイヤ王朝も入貢したほどであった。だが四年後、不都合を働いた石国《タシュケント》を攻め謀略によって王を虜《とりこ》にし、あまつさえ虐殺、掠奪を行なったのが悪く、ソグディアナ諸国は、ちょうどウマイヤ朝にかわった新興のアッバース朝に救いを求めた。その結果、翌七五一年（天宝一〇）タラス河畔で大会戦が演じられたのである。葛邏禄《カルルック》、抜汗那《フェルガーナ》などの兵をあわせた七万におよぶ唐軍は、ほとんど全滅。イスラム側の記録では二万人が捕虜となったという。高仙芝は根拠地の安西《クチャ》に逃れ、朝廷には報告せず、うやむやのあいだに許されて都に還り、禁軍の将軍に任ぜられていた。また会戦に参加したなかに杜環《とかん》という人物がおり、捕虜となったあとイスラム領内をめぐり歩き、一一年ぶりに海路帰国した。かれは学識を備えた人であったらしく中央アジア、西アジア、セイロンなどの西方見聞録ともいうべき『経国記』を著わしている。この本は残念ながら失われ、かれの一族で唐を代表する歴史家杜佑《とゆう》の『通典《つてん》』に引用されているにすぎないが、唐代では珍しいイスラムの事情を紹介した貴重な文献であったろう。

タラスの戦いが残したもう一つの記念碑は、ほかならぬ製紙法の伝播で、これについては東西の学者によって明らかにされている。だいたい会戦の年にイスラムの将軍ziyad Ibn Salih《ザイド＝ビン＝サーリフ》が、もと紙漉工《かみすき》であった捕虜をつかい、サマルカンドに製紙工場を建て、良質のしかも廉価で柔らかい紙を大量に生産した。八世紀末には首都バグダッドにも工場が建ち、従来のパピルスや羊皮紙にとってかわる。さらにこれが一二世紀ごろ、モロッコをへてスペインに伝わるわけである。もちろんソグド人が早くからソグディアナ地方で製紙をはじめていたとも、タラスの戦勝記念に製紙法の話をくっつけたのだというみかたもある（桑原隲蔵『紙の歴史』、藤本勝次『製紙法の西伝』）。

❖哥舒翰潼関に入る

話をもとにもどそう。封常清は敗戦の一部始終を語り、潼関《どうかん》に退いて防ぐ以外に道はないと

潼関

進言する。これに同意した高仙芝は急ぎ兵をまとめて撤退し、禄山軍の猛追をふりきって潼関にはいった。

昔、桃林塞と呼ばれた潼関は、竜門から南流する黄河が華山に衝突して、大きく東に屈曲するため衝関《しょうかん》ともいわれ、西に潼水があるのにちなんで潼関と名づけられている。後漢の建武中（二九—五五年）にはじめて置かれた。北は黄河に臨み南には海抜一三〇〇メートル、累々《るいるい》たる花崗《かこう》岩の山肌をあらわす華山がせまり、天然の要害を形づくっている。一九〇七年（明治四〇）、中国に留学され、洛陽から長安に向かう途中、潼関に遊ばれた桑原隲蔵博士の紀行文が『考史遊記』におさめられている。

潼関の地、西に潼水あり、因《よ》りて以て関に名づく。河を俯し山に倚《よ》り、形勢甚だ雄に、城壁頗《すこぶ》る固し。唐の崔顥《さいこう》の詩（潼関楼に題するの詩）に、

山勢は三輔に雄たり、関門は九州を扼《やく》す。

といえるもの、必ずしも誇張の言にあらざるなり。……中略……蓋《けだ》し関中の咽喉に当り、而して関中の地は久しく帝王の都た

り。潼関の得喪は、直《ただち》に国家の運命に関す。…中略…潼関の東に函谷・崤縄《こうじょう》・虎牢《ころう》の諸険あれども、史上に於ける価値、皆潼関に及ばず。（ふりがな、詩訳、筆者）

まことにそのとおりで、「一夫関にあたれば万夫も開くなし」といわれた函谷関から、車二台とはすれ違うことのできない五三・六キロの隘路《あいろ》が潼関へつづく。ここを大軍で固められては、いかな禄山軍といえども突破することは至難の術《わざ》であった。潼関の唐軍と陝郡に釘づけにされた禄山軍が、これ以後、六か月にもわたってにらみあったまま戦局が膠着《こうちゃく》するのも、そのためなのである。

さて、封常清はたびたび使者をたて、敗戦の責任を詫びるが、玄宗からは梨のつぶて、やむなく直接に処罰を仰ごうと都へ出向いたが、これも途中で官爵を削られたあげく追い返されてしまった。なお不幸なことに潼関では監軍（目付）の辺令誠《へんれいせい》と高仙芝のあいだが険悪になっていた。玄宗が高力士をはじめ宦官を重んじたことはふれたが、征討軍には監軍使として宦官を従軍させる慣例が生まれている。虎の威をかる宦官は素人のくせにやたらと干渉し、武骨な将軍らとは折り合いが悪く、紛糾が絶えなかった。二人の反目もそれであり、ことごとに無視された辺令誠が、高仙芝と封常清は兵士の恐怖心をあおり、あまつさえ軍事物資をかすめて私腹を肥やしていると讒訴《ざんそ》したから、たまらない。激怒した玄宗は即刻両人の首を斬れと命じた。もとより死を覚悟していた封常清は遺表をしたため、

現在の函谷関

陛下よ、臣死せるのち、禄山軍を軽んぜず、臣が言を忘れたまうことなかれ。

と、莞爾《かんじ》として刑場の露と消えた。高仙芝は冤罪《えんざい》を叫びながら首をはねられた。その後任に抜擢されたのが哥舒翰である。かれは河西・隴右両節度使を兼ね、当時屈指の将軍であり人望も厚く、禄山とは犬猿もただならぬ仲という、格好の人物にはちがいない。ただ宿敵どうしが、ついに干戈《かんか》をもって、相見《あいま》みえるといえば聞こえはよいが、哥舒翰は生来が酒色に耽《ふけ》るたち、中風にかかり半身不随の身を長安の自宅に横たえていたのを、無理に起用されたという、いわく因縁つきであった。

顔真卿の書

❖顔真卿と顔杲卿

親征をさえ決意するほど切歯扼腕《せっしやくわん》する玄宗に、思いがけない殉国の士が現われた。それは風に靡《なび》くように降伏する河北二四郡のなかから、敢然とたった書家としても名高い平原太守顔真卿《がんしんけい》と、常山太守顔杲卿《がんこうけい》の従兄弟である。

平原の太守顔真卿、長安の天子名を知らず。

南宋末の義士、文天祥《ぶんてんしょう》の詩に詠《うた》われているよう

江南のデルタ風景

に、玄宗が顔も知らない顔真卿の活躍はめざましく、河東から大行山脈を越え河北に通ずる要衝、井陘口《せいけいこう》（土門関、娘子関《じょうし》）を守った顔杲卿の呼応によって、河北一七郡が唐に帰した。范陽と洛陽のルートを断たれ、禄山は一時窮地に追い込まれたほどである（外山軍治『顔真卿』）。また河南地域では雍丘（杞県）と睢陽《すいよう》（商丘）にたてこもった張巡、許遠の二人が孤軍奮闘をつづけた。その一年にわたる奮戦は、禄山軍の南進をくいとめ、唐の反攻作戦に寄与したばかりでなく、大穀倉の江淮地方を無傷のまま温存した結果、反乱平定後には財政をまかない、斜陽の一途をたどりながらも、財政国家に変貌した唐朝の命脈をなお百数十年も永らえさせる原因をつくった。のち、江淮地方に農民暴動が勃発するのも、この地域にあまりにも経済負担がかかりすぎた結果なのである（松井秀一『唐後半期の江淮について』）。

❖あやうし大燕聖武皇帝

一喜一憂のうちにその年も暮れ、天宝一五載（至徳元）正月元旦、禄山は洛陽で皇帝の位につき、国を燕、年号を聖武と定め、大燕聖武皇帝と名のった。ここに長安と洛陽を都とする両王朝が対峙《たいじ》することになったわけである。あまりかんばしくない形勢打開のため、心気一転をはかったのであろう。しかし即位の直後には僚友史思明の果敢な働きによって、常山を陥とし顔杲卿を血祭りにあげはしたが、その常山さえも、太原から精鋭を率いて河北に進出した新河東節度使の李光弼に、すぐさま奪回され、さほど効果はなかった。三月から五月にかけ、常山をめぐる史思明と李光弼、それに来援した朔方節度使郭子儀との戦闘は熾烈《しれつ》をきわめ、五万余騎にのぼる史思明軍が累々たる屍をさらし、史思明は馬から落ち、折れた槍を杖に、はだしのまま逃げのびる一幕さえあった。

意外な唐軍の奮戦に、河北の十余郡は禄山の守将を殺し唐に寝返り、范陽と洛陽のルートは、またもや杜絶する。禄山は軍の主力を胡兵におき、戦利品はほとんど范陽へ送り、兵の補塡にあてている。やがては資金の調達にこと欠き、婦女・金帛《きんぱく》をかすめたので民心を失う。胡兵を募れば民の憎悪を買い、民を立てれば胡兵を求めえずのジレンマに追いつめられたとき、大勢は決するのだが、いずれにしろ、勢力の維持には范陽―洛陽のルート確保は不可欠の条件であった。この致命傷にも等しい敗戦のうえに、営州の留守を託した部下が、顔真卿と結んで范陽を奪い、唐に帰順しようとする陰謀と、郭子儀らが范陽を突く計略らしいとのニュースが、あいついでとどき、禄山の心胆を震えあがらせた。かれもショックのあまり洛陽を放棄し、范陽へ帰って再起をはかろうと真剣に考えたとさえいわれる。この時期が禄山にとって最大の危機、唐には千載一遇のチャンスであった。ところが唐側のはからざる内訌《ないこう》に救われ、事態は急転直下、意外な方向をたどることになる。

❖墓穴を掘る

潼関を固める哥舒翰は、いうまでもなく禄山への対抗馬として楊国忠が仕立てあげた人物である。だが禄山に焦点をしぼっているあいだに、哥舒翰が実力を蓄わえ手におえなくなり、あまつさえ楊国忠排斥の急先鋒とさえなってきた。やむなく牽制の切札に用いたのが禄山の従兄、安思順である。この男は禄山とはもちろん哥舒翰とも反発しており、第三勢力にはもってこいの人物であった。楊国忠の腹を見抜いた哥舒翰は潼関の守備を命じられたのをしおに、縁につながる禄山と内応するおそれありと口実を設け、安思順をほうむり去ろうと考え、安思順にあてた禄山の密書を偽造して献上する。いまや絶対の信頼をおく哥舒翰の工作に、まんまとあざむかれた玄宗は、安思順以下の数十人を処刑し、家族はみな嶺南へ配流してしまった。薄気味悪くなった楊国忠は、潼関補充のためと銘うち、特別に一万余の兵を募り万一の場合に備えたが、これも哥舒翰に先手をうたれ、ていよく潼関の軍に併合される。このときばかりは、さすがの

郭子儀

楊国忠も息子に「わしの命運も尽きた」、と嘆息をもらしたほどである。さりとて拱手傍観《こうしゅぼうかん》ばかりはしておれない。いまや禄山どころか、眼前の敵は哥舒翰なのである。

❖潼関破る

潼関を狙う禄山の部将崔乾祐《さいけんゆう》は、唐軍を誘いだし一挙に雌雄を決する以外に方法はないとみ、ひそかに旗鼓を仆《たお》し兵を散開させ、いかにも脆弱《ぜいじゃく》な軍にみせかけた。この巧妙なトリックに唐のパトロールはまんまとひっかかり、長安へ通報した。これをキャッチした楊国忠は天佑とばかり、哥舒翰に出撃を命ずるよう玄宗を口説いた。千軍万馬の哥舒翰が、崔乾祐の計略を見抜けぬはずはない。

禄山は永らく戦場を往来した者。手なれの彼奴が防備をおろそかにするわけはありませぬ。これはわが軍をおびき出す罠《わな》であることは必定。賊は長征に疲れ即戦即決を有利とするのに比べ、官軍は要害に拠って堅く守るを良しといたします。いわんや敵は残虐の限りを尽くし民心を失い、勢力はとみに衰え、内部分裂の気配さえあるとか。戦わずして勝敗はおのずと明白になりましょう。要は成功さえすればよく、速戦ばかりが能ではございますまい。まだ各地の兵力も十分ではなく、今しばらく、お待ちあれ。

と必死に諫めている。郭子儀、李光弼からも范陽を攻撃すれば禄山の死命を制したに等しく、病気あがりの哥舒翰に加え烏合の衆では、ここ当分のあいだ、潼関を固守するが上策と進言する。四面楚歌に立たされた楊国忠は、哥舒翰が躊躇する理由は禄山に内応する腹だからだと、やみくもに玄宗をたきつける。玄宗の強硬な矢の催促に、哥舒翰は今はこれまでと天を仰ぎ慟《どう》哭《こく》しながら陝郡へ撃って出た。時に六月八日のことである。

逸《いつ》をもって労を待つ、哥舒翰のねらいは、ずばり的中しているといってよい。もし難攻不落の潼関をおさえ、持久戦にもち込めば、禄山の壊滅は火を見るよりも明らかであったはずである。楊国忠はわが身可愛いさに目がくらみ、守るに易く攻めるに難い潼関付近の地形が、攻防ところをかえれば逆な条件になることを考える余裕をもたなかったのである。崔乾祐の巧妙きわまる作戦に翻弄され、二〇万と号する唐軍は名状しがたい混乱のなかに殲滅《せんめつ》され、阿鼻《あび》地獄を逃れ潼関に帰還できた者は、わずかに八千余。息もつかせぬ崔乾祐の猛追に、潼関はあっという間に陥落した。哀れをとどめたのは哥舒翰である。汚名を雪《そそ》ぐため潼関を死守しようとしたが、部下の手で洛陽に送られ、のち禄山に幽閉されたあげく、罵詈雑言と恥辱のなかに、死を迎えるのである。

錦旗、蜀へ揺らぐ

❖小田原評定

首都防衛に、最後の拠点となる潼関が陥ちては、攻めるに易く守るに難い長安など無防備にも等しい。各地を犠牲にしてまで十余万の大軍を投入した真意もそこにあった。楊国忠の私情にまどわされ、大局を見誤った玄宗の愚かさを冷笑する者が多いのも、当然である。玄宗とて名将哥舒翰の率いる大軍が、これほどもろく敗れ去ろうとは夢にも思わず、風雲急を告げる早馬が到着しても、宦官の一人に若干の予備軍を授けて潼関に向かわせ、むしろ勝報今やおそしと待ちわびていた。だが、たそがれがせまっても、なんの音沙汰もない。烽火台は初夜（午後八時）に平安火という、文字どおり平穏無事をつげる一条の烽火をあげる習慣がある。禄山軍の攻撃に肝をつぶした烽火係が雲を霞と逃げていては、平安火が上がるわけがない。宮廷はようやく憂色につつまれはじめた。

蜀峡の白帝城

翌早朝、召集された首脳陣は小田原評定のはてに、楊国忠の強引な主張をいれ蜀へ行幸することに決定した。これは禄山の挙兵必至と考えた楊国忠が、成都を本拠とする剣南節度使を帯び、副使に命じて万一に備えさせていたことと、蜀のもつ立地条件のためである。

古く巴《は》蜀《しょく》と呼びならわされる四川は、総面積五六万九〇〇〇平方キロ。成都を中心とする蜀、重慶中心の巴からなる政治・経済圏を構成している。東は巫山《ふざん》、北は大巴・眠山《びんざん》が聳え、西には邛《きょう》崍《らい》・大雪、南に大婁と峨《が》峨《が》たる山にさえぎられ、無数の河川は縦横に流れ下り、やがて揚子江（長江）へと注ぎ込む。山岳地帯にひらけた盆地ながらも、天府の国といわれるほど気候は温和、資源は豊富。塩（岩塩）の自給自足ができ、穀物はたわわにみのり、昔から製鉄・製材のほか蜀錦に代表される絹織物業の本場でもある。揚子江に舟を浮かべて有名な三峡の険を一気に下れば、無傷の大穀倉地帯、江椎のデルタが無限にひろがる。このような立地条件をバックに、古来、中原に鹿をおった者も多い。漢王に封ぜ

現在の蘇州付近の運河

られた劉邦が、この地方を拠点として覇権を握ったのは、よい例だが、巴蜀をはっきり歴史に位置づけたのは三国時代、劉備を補佐した諸葛孔明のいわゆる天下三分の計である（狩野直禎「諸葛孔明」、「三国志の世界」）。また、五代十国のときには王建による蜀政権の樹立がみられるように、中央が乱れれば独立するに十分な地力を備えていた。東を速断された玄宗に残された逃げ場はただ二つ。巴蜀か、さもなければ皇太子がはしった朔《さく》方《ほう》しかない。朔方は異民族が跳梁する危険があるとすれば、安住の地は蜀以外になかったことも確かである。もちろん首都奪回というポジチーブな面を考えれば、成都府だけで九十余万（『旧唐書』地理志）の人口を擁する巴蜀は、ことのほか魅力がある。頽勢《たいぜい》を挽回し義勇軍の蜂起をまって、ふたたび関中をうかがい、あわせて揚子江下流域と連絡を緊密に保ち、河南より洛陽の禄山軍を包囲できる。これが蜀への蒙塵を決意させた最大の理由であろう。

❖極秘裡の都落ち

玄宗は宦官を朝堂に集め、涙ながらに善後策を具申するよう求めた。満座寂《せき》として声もない。このとき、楊国忠はうそぶいている。

禄山に謀反の動きがあるとささやかれて一〇年、陛下は全然耳を貸そうとは、なされなかった。今日の事態を招きましたは、宰相の責任でありましょうか。

今日も残る蜀の桟道

弁解とも、愚痴ともとれるこの言葉によって、かれに浴びせられる囂々《ごうごう》たる非難の声、憎悪にみちた視線を、むしろ汲みとれる。かれも敏感に悟っていたればこそ、宦官の面前で責任を皇帝一人におしつけ、自分への非難が、いわれなきものであることを明確にしておく魂胆だと思われる。

長安より蜀へ、里程およそ二四〇〇里（約一〇〇〇キロ）。途中には音に聞こえた難所―蜀の桟道《さんどう》がつづく。なにせ多くの老若男女をたずさえての長旅である。挽回は期してもふたたび都の土が踏めるとは限らない。同意はしたものの老いたる玄宗が速巡するのも無理はない。楊国忠にプッシュを依頼された貴妃姉妹の口説《くぜつ》が効を奏し、玄宗もようやく重い腰をあげたのである。

六月一三日未明、一行はそぼ降る雨をついて延秋門から西へ脱出した。同行するのは貴妃姉妹とその一族、皇太子夫妻、公主、皇孫のほか、楊国忠、韋見素など若干の要人と家族、宦官、宮嬪たちの一部。将軍の陳玄礼が兵二〇〇〇を率いて護衛にあたった。奇妙なことに、その前日、玄宗は親征の詔勅を発布している。だいたい宦官は家族の安否にかまけて政務どころではなく、潼関の敗北をもれ知った都民のあいだに、騒然とした空気がただよっている。このとき玄宗が本気で親征を考えたとは思われない。蜀へ逃れるためのカムフラージュだとみる『旧唐書』の説が正鵠を射ていよう。皇帝の蒙塵を知れば、内外は混乱のるつぼと化し、不測の事態を招く恐れがある。疑われずに脱出用の兵馬を整える口実としては、親征が効果的であり、出発に先立って、崔光遠を京兆尹に任命し、将軍の辺令誠に宮中の管鑰《かぎ》を託しているのも、その小細工とみられる。事実、逃避行は極秘裡に運ばれ、皇族でも宮中に居合わせなかった者は、おいてけぼりをくっている。

❖混乱の巷

首都防衛の決意を披瀝《ひれき》した玄宗が、まだ舌の根も乾かぬうちに、まさか遁走《とんそう》するとは思いもよらず、参内の時刻に出仕した朝臣らは、普段と変わらず宮門の裏《うら》から漏刻《みずどけい》の音が響き、威儀を正す番兵の姿になんの疑惑も抱かなかった。清のとき朝臣の出仕を午前四時と定めたこともあるが、唐代ではだいたい日の出に政務をとりはじめ、正午に退出するきまりであった（『唐会要』）。だがそれもつかの間、漏刻が晨《とき》を告げ、門がいっせいに開かれて一同は唖然となった。とり残された宮人たちが泣きわめいて飛び出したからである。一瞬の驚愕は、やがて焦燥と激怒にかわった。建国後二世紀近く、天子が都落ちするなど例がない。結果はどうあれ、皇帝が城内にあるかぎり、不安のなかにも一縷《いちる》の望みを託して都民の生活は秩序が保たれ、皇室と命運を共にする殊勝な気もわくが、肝心の皇帝にまんまと出し抜かれては、心の張りもうせ、むごい仕打ちに腹も立とう。すぐさま街巷《まち》は、家財を車に老弱をたずさえて右往左往する民衆でごったがえした。城を逃れ山谷にはいる者、寺院に身をひそめる者はまだしも、欲深い者や貧乏人は火事場泥棒よろしく宮殿になだれ込み、空屋同然の王侯、貴族の邸宅に押し入り、手あたりしだいに財宝をかすめとった。永年の鬱憤も手伝ってか驢馬《ろば》にまたがり宮殿にあばれ込み・左蔵庫に火を放つ者さえでる始末。この庫は奥むきの財宝が蓄えられており、脱出にあたって楊国忠が、みすみす敵の手に渡すのも業腹だと、焼き払おうとした。

賊軍が都にはいり、庫を焼かれたと知れば、それだけ見返りを民百姓に求めよう。そっくり渡すがよい。これ以上、民を苦しめるに忍びぬ。

鶴の一声で焼却を免れ、随行の者こぞって玄宗の慈愛に涙する場面があり、楊国忠とは違い腐っても鯛だとか、天子の感覚を失っていないとか評判のよいくだりである。玄宗が自責の念にうちひしがれ、間もなく襲うであろう民衆の苦悩に、一片の情を寄せたのは確かだが、わが身の安全をはかり都民を犠牲にした罪の償いになるとは思われない。幸いにも崔光遠と辺令誠の処置よろしきをえて、暴徒を鎮圧し消火できたが、莫大な銭帛《せんぱく》はそっくり禄山の手にゆだねられ、范陽に送られたあげく兵力増強の軍資金にかわった。その結果、民衆の苦痛を長びかせた点を考えれば、酷薄と罵られる楊国忠のほうが正しかったともいえるのである

❖禄山の長安入城

平穏をとりもどすと、崔光遠は帰伏する旨の書状に管領をそえて、禄山へ送りとどけた。「どうぞ御随意に」の意味である。禄山は崔光遠をそのまま京兆尹に任じ、大軍を送って守備にあたらせたので、長安はここに名実とも陥落したわけである。崔光遠の伝には、数か月のち禄山軍の混乱にまぎれ千余の兵を誘い、粛宗のいる霊武へ脱出したが、降伏ははじめからの計略であったように描かれている。これはおかしい。長安を棄てる玄宗が、かれらだけに因果を含め残留させたとは考えられず、完全に欺かれ、うまく利用された一人に違いない。したがって、長安を脱出する気などさらさらなく、はじめは禄山に忠誠を誓う腹であったとみられる。

のち脱出した事実と、かれがその後たてた功績により、好意的に解釈されたのではないか。そう考えなければ、親征の芝居をうってまで、穏密裡に運ぼうとした玄宗の逃避行が、無意味となるのである。

ちなみに、禄山軍の長安入城はいつなのか。史料によってまちまちだが、『通鑑』は潼関の戦闘から一〇日後の一八日とする。では大勝を博しながら、なぜ馬腹をあおり急ぎ長安を突かなかったのか。潼関を奪えば長安は指呼の間にある。追撃すればやすやすと玄宗以下を捕えることができ、唐の命脈を断つのは簡単であった。このナゾをほとんどの史料は、玄宗がこれほど早く蒙塵するとは想い及ばなかったためという。筆者は潼関攻略の大成功が、むしろ禄山軍の行動を制約したのだとみたい。それは潼関攻撃にあたった崔乾祐麾下《きか》の軍が一万足らず。もし潼関を放置せんか、対岸の蒲州から唐軍が進出し、背後を遮断する危険なきにしもあらず。潼関守備にかなりの兵を配置すれば長安攻撃の軍が手薄になり、急ぎ洛陽へ援軍を仰いでも到着まで、かなりの日数がかかる。玄宗の西奔までなか三日であるから、往還に手間どるうちに崔光遠の書状がとどき、長安はもぬけのからと知って矛《ほこ》を鈍らせたのだろう。禄山としては玄宗の逃亡どころか、まず潼関がかくもやすやすと陥とせるなど思いがけず、後続部隊を派遣しておらなかった。指揮をとった崔乾祐さえ哥舒翰が潼開をでて兵を進めたのに驚き、小おどりして喜んだほどであるから無理もないが、はからざる大勝利が、かえって大魚を逃し、ひいては天下を取りそこねたというのも、皮肉である。

❖畢華は揺揺と進む

さて、長安より咸陽へ翠華《すいか》は揺揺《ようよう》と進んだ。秦の都であった咸陽は、渭水をへだて、長安の西北に位置する。渭水にかかる便橋を渡りおえた楊国忠は、またも橋を焼き禄山軍の追撃を断とうとして、玄宗にとめられている。この橋は渭水の南北をつなぐ東・中・西のうちの西渭橋で、長安城の西門—便門に連なるので便門橋とも咸陽橋とも呼ばれる。現在の隴海鉄路とほぼ同じルートで走る、いわゆるシルクロードは、この橋を渡って西へ向かう。西国へ旅立つ親戚や友人、そして出征兵士を見送るのも、この橋のたもとであった。わが入唐僧、円仁が、五台山の巡礼をおえ長安へのぼる途中、東渭橋を渡った記事が『入唐《にっとう》求法巡礼行記』にみえる。全長一里ばかり、丸太を支柱とする木橋であったようである。

食事どき、咸陽県の東郊にある望賢宮にたどりつく。この離宮は長安奪回後、粛宗が蜀から都へ帰る玄宗を出迎え、劇的な再会を演ずるところでもある。蒼惶《そうこう》と都をたって四〇里、一行はようやく疲労と空腹を感じはじめていた。はじめ、沿道の州県に、糧秣や宿泊設備を整えさせるよう、宦官を先行させておいたが、唐

渭水の渡し

の命運尽きたと判断してか、肝心の使者は県令などとかたらい逃げ去っており、玄宗らは正午をすぎても食にありつけず、楊国忠が市場に行き、袖いっぱいの胡餅を買い求め飢えをしのいだという。わが国では中国伝来の菓子を唐菓子（おもに木の実）というが、中国では中央アジア系の煎餅を胡餅と呼んでいる。麦粉をこね油で焼いた焼餅《シャオピン》がこれである。『通鑑』の胡三省の注には、かれの時代（元）の胡麻ふり蒸餅だといい、名の由来については餅売がこれを好んでくう胡人にちなみ、かってにつけたとする宋代の説や、五胡十六国の時代に、前趙の石虎が胡《えびす》の字を嫌って麻餅と改めさせた『前趙録』の説を紹介している。後漢の『釈名』にも現われるので、漢代に伝来した胡麻煎餅であろうし、胡人の往来が激しいシルクロード沿いの咸陽あたりには、これを売る旗亭《ちゃみせ》が多かったと思われる。

栄華をきわめた昨日にかわる悲惨な境遇を、生きいきと描いている史料のうち、『天宝乱離記』はつぎのようである。通りすがりの住民を呼びとめた玄宗は頼んだ。

そちたちの家に飯があるなら、粗末なものでもかまわぬ、とりあえず持参してくれまいか。求めに応じ、老若男女がてんでに糲飯《げんまい》や麦飯をたずさえ、酒壷をかかえてくると皇孫、妃嬪らはわれ先にとびつき、手づかみでぱくつき物足りなさそうであったと。『事迹』や『唐暦』には飢えのあまり弱った馬を殺し、殿庭の木を切って煮て食ったという。真偽のほどはともかく、なにせ二千余の集団である。糧食の携帯はなく不案内の土地では、おいそれと調達できるものではない。要するに一行の周章狼狽ぶりと、今もって権勢にあぐらした状況判断の甘さがうかがわれる話である。

住民の好意によって食にありついた玄宗は、兵士を村落に散開させた。夜半に到着した金城県でも人影はなかったが、幸いに食物は豊富であった。しかし兵士・従者の脱落はあいつぎ、ともすべき燈火とてなく、もれくる月明かりを頼りに、貴賤の別なく雑魚寝《ざこね》で泥のように眠った、こう『通鑑』は補っている。潼関から落ちのびた王思礼が追いつき、敗戦の顚末を逐一報告したのも、ここであった。

VI

破局そして暗転

蛾眉の最期

❖金城より馬嵬へ

あけて一四日、長安の西方約三〇里（約五〇キロ）の馬嵬《ばかい》に近づいた。楊貴妃終焉《しゅうえん》の地として有名であるが、当時は小さな駅村にすぎなかった。唐の駅制は、まず長安と洛陽に都亭駅《メインステーション》を設け、両駅から幹線道路に沿い、三〇里（約一二キロ）ごとに一六〇〇余の駅が置かれ、馬やロバが、水路には船が配備されていた。堂々たる駅楼をもち、周囲には垣をめぐらし、身分に応じた種々の建物がならび、飼料を栽培する駅田がひらけ、宿泊施設や食糧、ときには酒茶の庫まであった。公務のほか九品以上の官人には宿泊も許されていたらしい（陳沅遠「唐代駅制考」、青山定雄「唐代の駅と郵とについて」）。

馬嵬駅は西晋末の永嘉の乱中に、馬嵬という者が堡塁《ほるい》を築き一族郎党とたてこもった地と伝えられる。中国では後漢末から三国・晋・五胡十六国とつづく混乱の時代に、自衛手段のため

馬嵬駅　今日の楊貴妃の墓地

に有力な豪族たちが、族党や奴婢・流民などを率いて城郭を逃れ、田野に塢《う》・堡・壁などを築き、自給自足の生活を営んだ。これが村塢《そんお》、村堡と呼ばれ村の起源となった（宮川尚志「六朝時代の村について」）。

馬嵬もはじめ馬嵬堡であり『晋書』には堡戸（民戸）があったとみえている。唐代には馬嵬村となり駅が置かれた。七〇七年（景竜元）、中宗がチベット王Khri lde gtug bratsan《チデツクツェン》に嫁《とつ》いでゆく娘の金城公主と別れを惜しんだゆかりの駅で、前夜に玄宗一行が仮り寝の夢を結んだ金城県こそ、公主をしのんで改名されたものなのである。

禄山軍が追跡を断念したとは知るよしもなく、恐怖のあまり前日の早暁以来、実に百数十里を踏破したことになる。

陸行の程《はやさ》は馬で一日七〇里、徒歩およびロバで五〇里、車は三〇里（『唐六典』）。

ふつうは駅ごとに宿泊する規定であるが、このときは三倍あまりの行程である。老皇帝はじめ皇孫、妃嬪《きひん》の旅としては、いかに無理を重ねたかがわかる。飢えに迫られ、ろくに休息もとれない強行軍に、兵士の疲労は極度に達し、あまつさえ脱落者があいつげば、残留する者をますます焦燥に駆《か》りたてる。不満と怒りが渦《うず》まき、不穏な空気が醸《かも》しだされるのも当然であった。

将軍陳玄礼は、この一触即発の危機を回避するには楊国忠を斬り、全軍の気持ちをやわらげる以外に方法はないと判断した。

今や天下は崩壊離散した。一天万乗の君も都をお見棄てなさるご様子。これは畋庶《たみ》に酷《ひど》い仕打ちをした楊国忠の科《とが》でなくて、なんであろう。彼奴《きゃっ》を血祭りにあげ、天下に謝罪せねば、どうして民百姓の怨念を晴らせよう。

この煽動的な演説に、三軍の将兵は異口同音に叫んだ。

それだけが念願であった。もし楊国忠を槍玉にあげるなら、命などいり申さぬ。

陳玄礼は、玄宗が臨淄《りんし》郡王であったときからの忠臣で、かの韋后および太平公主の誅殺事件にも参加した、いわば玄宗推戴の功労者でもある。夜遊びの好きな玄宗の身辺を護り、玄宗も歎服するほど節義あふれる古武士の風格があった。この難局に警護の役をおおせつかったのも、その忠誠ぶりが買われたからであろうし、都に帰ったあとも玄宗の傍を離れず、玄宗とあい前後してこの世を去っている。かれの伝によれば、都で楊国忠の暗殺を計画して果たせなかったという。かねがね楊氏一族の横暴を憎んでいた一人であり、兵士もさることながら、彼自身が煽動者であったことはまちがいない。

また陳玄礼は李輔国を通じ、皇太子に楊国忠の誅殺を進言している。この李輔国はもと高力士の召使いだった男であったが、才気渙発なところを見込まれ、東宮づきの宦官に選ばれた。のち粛宗即位の立役者となり、権力を一手に握ることになる。おそらく楊国忠打倒の企てに一枚かんでいると思われる。皇太子もさすがに躊躇した。だが決断を下すまでもなく、意外な破局が訪れた。それはチベットの使者の出現である。

❖楊国忠惨殺さる

さきに紹介した金城公主は、チベットへ降嫁すると両国の和親に努力を傾け、七四〇年（開元二八）両国の将来を案じながら瞑目した。ところが、七四七年（天宝六）にチベットは小勃律《ギルギット》と婚姻を結び、西域諸国を唐の支配から離脱させようとした結果、数回にわたる唐の西域出兵となり、あげくには、アッバース王朝とのタラス河畔の大会戦に発展したことは、前にふれた。このような唐とチベットの関係は、七五四年（天宝一三）に哥舒翰の活躍により唐軍の大勝利、チベットの後退が決定的となった。安史の乱が起こる直前には、チベット王チデツクツェンが重臣に殺され Khri《チ》 sron《ソン》 lde《デ》 brtsan が即位したばかり。のち長駆して長安を陥すなどチベットの全盛期を築きあげるかれも、当時は若冠一三歳。政局はきわめて不安定であったので、唐とは割あい平和な関係を保っている（佐藤長『古代チベット史研究』上）。長安の留守をあずかったかの崔光遠こそ、チデツクツェンの弔祭使としてチベットへ派遣された人物であり、帰朝後席をあたためるひまもなく潼関が陥落したというわけである。

おそらく崔光遠の弔問に対する返礼のためだと思われるが、玄宗らが馬嵬に到着した時、長安へ向かうチベットの使者二十余人と、ばったり出会った。『事迹』には「騒乱にあい帰国したいから、道順を教えてほしい」と頼んだように書いている。が使者の言葉としては奇妙である。これは事情を知らないチベットの使者が、国信使供応の駅役人が逃亡しているため、難渋したあげく、楊国忠の馬前をさえぎり食を求めたというのが実情であろう。楊国忠が気軽に応対するのを目撃した兵士は、

楊国忠は吐蕃《チベット》と通謀しようとしているぞ。

と叫んだ。すさまじい形相で迫る兵士らに、

禄山は反逆し陛下を窮地に追い込んだ。おまえたちも二の舞を演ずるつもりか。

恐怖におびえて叱咤する楊国忠に、

おまえこそ逆賊のくせに、反逆者呼ばわりとは、片腹痛い。

終わりもやらず矢が放たれた。鞍に突きささったのに驚いた楊国忠は、馬腹をけって駅門に逃げる。おめき叫んで兵士らは追う。馬から引きずりおろされた楊国忠のからだは針鼠と化し、

楊国忠、惨殺さる

血反吐《へど》をしたたらせ断末魔の苦しみにのたうった。腹の虫がおさまらぬ兵士たちは喚声をあげて屍を切りさいなみ、肉を食い首を槍の穂先にひっかけ、これみよがしに門へおし立てた。もちろん楊国忠の息子三人、美貌を誇った韓国・秦国夫人などが、血のりのなかに悽惨な屍をさらしたのは一瞬の間である。

楊国忠の妻と末子、それに虢国夫人と息子らは、一行より早く西方の陳倉県（宝鶏市）に到着していた。県令は「楊国忠一味、誅さる」のニュースに、すぐさま彼女らの追捕を命じた。男まさりの虢国夫人は禄山軍の襲来と感違いし、一同を竹林にひそませ、まずわが子たちを刺した。

娘子《おくさま》、妾《わたし》たちにも手を貸してください。

楊国忠夫人の声もろとも、虢国夫人の刃がきらめき、返す刀でわれとわが首をはねようとしたが死ねずに捕えられた。吏卒へ、息たえだえにたずねた。

官軍か、賊軍か。

吹きあげる血が咽喉をふさいだ。死骸は道端の楊《やなぎ》の根かたに埋められたという。『外伝』を中心に惨劇を再現してみたが、街路樹としては普通の楊と、姓の楊とをかけたところなど、ユーモアさえ感じられ、ようやく芽生えてきた小説《フィクション》の一面をのぞかせていておもしろい。

❖比翼の鳥

馬嵬では、楊国忠一味があいついで殺され、人望のあった老宰相韋見素さえ危うく一命をとりとめるほど、兵士の手による粛清がつづいた。混乱にまぎれ遁走した宋昱《そういく》という男などは、楊国忠の権勢を恃《たの》んでためこんだ財産のことが忘れられず、間道づたいに都へ逃げ帰ったものの、楊国忠一派を血まなこで探索する禄山軍の網にかかったという。

血に飢えた兵士たちは玄宗のいる駅舎を囲み、騒ぎを聞いた玄宗が引きあげを命ずるのもものかわ、陳玄礼以下、おもだった面々は貴妃を誅するよう要求する。

いつも朕の側にあった貴妃が、どうして楊国忠の謀反にあずかろうか。

救いを求めてつぶやく玄宗に、楊国忠を斬った以上、貴妃が生きながらえていては、報復を恐れる将兵が納得すまいことを、高力士はここを先途と説いた。今はこれまでと判断してか、玄宗も、

貴妃のことは、朕がかたをつけよう。

と約束したものの、路地に走り込み、杖によりかかり首うなだれて動こうとはしない。ここでふたたび『外伝』の描写を借りよう。

逡巡しながら、玄宗は駅舎にはいり、貴妃を抱擁した。やがて馬道に通じた墻口《かきねぐち》で今生の別

れを告げたあと、高力士を呼び、殺すように命じた。貴妃は溢れ落ちる涙を拭おうともせず、とぎれとぎれに言った。

大家《へいか》よ、どうぞお達者で。妾は大家のご恩義に負《そむ》きました身なれば、死んでも恨みはございませぬ。なにとぞ仏様を拝ませてくださいませ。

妃よ、極楽へ往生するのだぞ。

玄宗の声を合図に、高力士は羅巾《らふ》で貴妃の首をしめた。小さな仏堂の前に繁る梨樹の根方が黄《よみ》泉《じ》への渡し場であったと。かたや一個の男性として息子を犠牲にし国を傾けてまで愛情を注いだ女性かたや天下人として護り通さねばならぬ社稷《しゃしょく》の重み、両端をたばさみ苦悩に打ちひしがれる老皇帝の姿を、そして死に臨んだ男女の、こまやかで哀れにも美しい情愛を、きわめてヴィヴィッドに描きだしている。

唐代に流行した伝奇小説には、『遊仙窟』を筆頭に『李娃《りあ》伝』、『霍小玉《かくしょうぎょく》伝』など艶情小説と呼ばれるものが多い。『長恨歌伝』もそうだが『外伝』の、とくにこの部分ほど真に迫り胸うたれる情景は、ほかにあるまい。処刑者の高力士によって巷間に伝えられたものもあるだろうが、大部分は『国史補』の記事などによる著者のフィクションと思われる。このあとには反乱勃発の直前に、ある予言者が詠《うた》ったという詩をのせている。

燕市の人は咸《みな》去り、函関の馬は帰らず。若《も》し山下の鬼に逢えば、環上に羅衣を繫ぐ。

つまり燕とは范陽地方と禄山の国号大燕をかけ、函関は函谷関から潼関あたりを指し、山下の鬼は、山プラス鬼＝馬嵬、環＝楊玉環＝貴妃、そして羅衣を繋ぐとは羅巾で縊殺された意味である。ここらにフィクションのフィクションたるゆえんがあろう。だが貴妃は太真妃と呼ばれた道教の尼、玄宗は熱心な道教信者、この二人がこともあろうに仏を拝み極楽往生を願うところなど、いびつな感じがする反面、雑信仰に近い当時の信仰形態を投影させている。あながちプロットに著者の注意が十分払われなかったのではなく、まだ素朴で未成熟な古小説の原形を残し、それだけに真実味が溢れているとみたい。

ちなみに吉川幸次郎博士は「再び映画楊貴妃について」のなかで、死地に向かう貴妃の靴が脱げ、裳裾《もすそ》が地上をひきずられ、金の簪《かんざし》がなげすてられる場面だけが印象に残ったと述懐していられる。

その映画の台本と考証が誰の手になったのか知らないが、「長恨歌」や『長恨歌伝』、『外伝』などが材料となっていよう。傾国の悽惨な死を惜しむにしろ哀れむにしろ、その悲劇的なフィナーレが、人人にいい知れぬ興味を喚起させるものであったのは、この情景から多くの詩やエピソードが生まれた事実が証明している。とくに貴妃の羅襪《きぬぐつ》にまつわる作品は多く、『国史補』には襪を拾った駅近くに住む老婆が、観覧料一〇〇文なりで往来する旅人にみせ、莫大な財を蓄わえた話があり、これをもとに、さまざまな詩や挿話へ発展している。顧侠の「楊妃襪」もそうだが、『群談採余』の「楊妃羅襪」は、つぎのようである。

仙子《きひ》凌波し、去りて還らず
独《た》だ塵襪を留む馬嵬山
憐れむべし、一掬するに三寸も無し
中原を踏み尽して、万里翻《みだ》る

❖無限の恨み

さて、貴妃の骸《むくろ》は駅の西方一里ばかり、街道ぞいに埋葬された。時に三八歳の女盛りであった。話は翌年にとぶ。蜀から帰る途《みち》すがら貴妃の眠るあたりにさしかかった玄宗は、そぞろ往事がしのばれ、墳墓を祭り改葬させようとした。将兵に対する遠慮から、ただ土を盛っただけの墓であったからだが、理由はどうあれ、貴妃を死に追いやった将兵に動揺を与えてはならないと官僚に反対された。あきらめきれない玄宗が、ひそかに改葬させたところ、紫の褥《しとね》に包まれた屍はほとんど肉は腐れ、ただ《ただ》副葬品の香嚢《こうぶくろ》だけが無限の恨みを留めていた。使者が献上すると、玄宗はとめどもなく涙を流し、別殿に貴妃の肖像を画かせ、朝な夕な眺めては、返らぬ日々を想いふけっていたという。

ちなみに清の袁枚が『子不語』に興味深い話を紹介している。康熙年間に蘇州の汪山樵が陜州の興平県に赴任する途中、馬嵬駅に宿泊した。その夜絶世の美女が夢に現われ、自分の墓地が農民に侵奪されているから、処置してほしいと哀願する。翌日、土地の者に問いただすと、その付近は楊貴妃の墓があったところで、唐代には数十畝の広さがあったが時代とともにあとかたもなくなった由。調査したところ、はたして「大唐貴妃楊氏之墓」という石碑が発見された。汪山樵は別に境界石をたて菩提樹を植え、春秋に祭礼するようとりはからったという。実話なら、花より団子の農民には、さすが傾国の色香も役立たなかったことになる。

しかし未曽有《みぞう》の大乱に生きた当時の人々にとって、貴妃の死はやはり重い響を伝えたようである。必死の脱出を試みたものの、禄山軍に捕われ長安に監禁された杜甫は、馬嵬事件の翌年春、ひとり曲江のほとりを逍遙した。ここは景勝の地として知られ、南には玄宗が造った芙蓉《ふよう》苑《えん》（南苑）がつづき、上巳《じょうし》や重陽《ちょうよう》の節句には都人が幅湊《ふくそう》した。玄宗も貴妃を伴い歓楽のかぎりを尽くしたゆかりの地である。だが今はみる影もなく蓼々《りょうりょう》たる景色がひろがるばかり。かれは華やかであったころをしのび、はかなく散った美女に限りない哀悼の意を捧げ、有為転変、生者必滅の理《ことわり》をせつせつと詠《うた》いあげた。

明眸皓歯《めいぼうこうし》、今何《いずく》にか在る
血は遊魂に汚《まみ》れ、帰るを得ず

去ると住《とどま》ると彼と此と、消息無し
人生情有り、涙臆《むね》を沾《ぬら》す
江水江花、豈《あ》に終極あらん
黄昏《たそがれ》に胡騎あり、塵は城に満ち
城南に往かんと欲して、城北を望む

❖馬嵬事件の波紋

馬嵬事件に奇妙なことがある。それは、チベットの使節がどうなったか、『事迹』と『新唐書』楊国忠伝に「吐蕃《チベット》同時に害に遇う」、「時に吐蕃の使も亦殲《ころ》さる」とみえるだけで、ほかの史料には一言もふれていないことである。楊国忠と通謀したと疑われ、怒り狂う将兵の状況から判断しても、みな殺戮されたと考えられる。では古今東西を通じて使節の殺傷事件は、由々《ゆゆ》しき問題に発展するはずなのに、これまでさほど注意されていないのも、不思議である。馬嵬事件以後、両国の関係をみると、チベットは八月一日に回紇《ウイグル》とあいついで使者を送り、援兵をさしむけたいむねを申し入れている。唐はウイグルの好意だけを受け、なぜかチベットには婉曲に辞退している（佐藤長「吐蕃の長安侵入」）。ところがその翌月、南詔をかたらい唐の嶲州《しゅん》を攻略し、年末までに哥舒翰が血と汗で奪回した石堡城以下の諸城をつぎつぎに奪い、やがて長安にまで侵入する。せっかくの好意に唐のとった態度とチベットの不可解なこの豹変ぶりは、チベットに信頼をおいていない唐と、それに対する感情のもつれからばかりとは思われない。筆者はこう考える。唐は使節殺害の報復を不安に思い、チベットの厚誼《こうぎ》を辞退した。一方、チベットは使節殺害の件を知らず援軍派遣を申し入れた。このときはじめて一件をもれ聞き、唐の責任を問うため、従来の態度を一変し、報復手段に訴えたのだと。そしてウイグルに比べチベットに対する唐のつめたい態度を怒り、ついに長駆して長安へ侵入するにいたったと理解することができよう。もしこのような考えが許されるなら、馬嵬事件は、ただ楊国忠および貴妃一族のフィナーレというだけでなく、当時東アジア世界の二大強国のあいだに一石を投じた、国際的な事件としての意義が賦与されそうである。

禄山斃《たお》る

❖存亡の岐路

最愛の貴妃を失い、楊国忠もなく、傷心の玄宗は路頭に迷った。蜀へ導くはずの楊国忠を惨殺したからには、その輩下が固める蜀へはしるには躊躇がある。

随行全員が蜀へいくことに反対したらしく、『通鑑』には『唐暦』の説によって、あるものは河州・隴州《ろうしゅう》を、ある者は霊武とか太原へいくことを主張し、ひどいのは都に還るといいだす始末に、初志をすてがたい玄宗も将兵に遠慮し、宰相韋見素の子韋諤《いがく》の提案に従い、ひとまず扶風《ふふう》にゆき、そこで去就を決めることになったという。『通鑑考異』に引く『幸蜀記』では十数人の側近が意見を述べたがまとまらず、玄宗は高力士の意向をただしたところ、高力士はつぎのように答えたという。

太原は堅牢とは申せ、賊の領域と地つづきのうえ、元来、禄山の管轄下にあって人心の向背は測りがたいところ。朔方は塞（万里の長城）に近く、半ばは蕃族に占められ、朝廷の礼典をわきまえぬかれらは、一朝一夕に教導することはかないませぬ。西京は僻遠《へきえん》の地、蕭条《しょうじょう》たる砂漠にはばまれ、随行の人馬がこのようでは先に準備をいたさねば必ず食にもこと欠き、賊軍が襲撃した暁には、周章狼狽せねばなりますまい。剣南（蜀）は陜小《きょうしょう》の地でありますが地味は肥え、人口は繁密、長江をひかえ、山を背にし、内外とも実に険固な地形。蜀へ参られるがよろしかろうと判断いたします。

筆者は、馬嵬の不穏な状況を考慮して『唐暦』の記述が正しく、『幸蜀記』は韋諤の提議にもとづき扶風に到着したあとの話だと思う。このようなことを問題にするのは、ほかでもない。各人の思惑がからみ、落ち行く先の選択にさえ迷うありさまでは、国家再興の悲願もどこへやら、高力士の答申にはっきり表われるとおり、ただ保全に汲々するのみで危険を犯しても再興をはかろうとする気配はない。それだけに扶風への途中でおこった事件が、重大な意味をもってくるからである。

馬嵬を発《た》った直後、在地の父老や僧侶たちが、突然、玄宗の馬前に立ちふさがった。

宮闕《きゅうけつ》は陛下のお屋敷、陵寝《りょうしん》は陛下の墳墓のはず。今これを棄てて、いずこへいかれるおつもりか。

とまどいながら玄宗はしばし轡《くつわ》をひかえ、皇太子に慰諭するよう命じた。かれらは懇願する。

唐人明皇幸蜀図（故宮名画）

陛下に留まるお気持ちがない以上、私どもは子弟を率い殿下を盟主と仰ぎ、賊を討ち都を回復いたしたいのです。殿下までが蜀に蒙塵なされては、中原の民百姓が盟主に立てるかたはございませぬ。

直訴の民衆は、みるみるふくれあがり数千にも達した。玄宗と訣別するに忍びない皇太子は、涕泣《ていきゅう》して受けつけない。長男の李俶《りしゅく》、二男李倓《りたん》、それに東宮の宦官李輔国らが鞍《くら》をおさえ「天下覆滅の危機にさらされた今、民情による以外、再興の業はおぼつかなく、ひとたび民情が離れんか、万事窮することになる。もし蜀へ逃れてのち、桟道を焼かれたなら中原の地が敵の手に渡るのを拱手《こうしゅ》傍観せねばならない。西北辺境の守備軍を集め郭子儀《かくしぎ》・李光弼《りこうひつ》を河北から呼びもどし、力をあわせて両都を奪回したのち、宮殿を浄《きよ》め陛下をお迎えすることこそ至孝だ」と説得する。あげくには児女に等しい感情を棄て天下の大計をなせと尻をたたかれ、皇太子もついに、玄宗とは別行動をとることになったのである。もしここで父老の言葉に従わなかったら、唐は天下を失っていたであろうとは、歴史家の一致した見解である。

❖民心いまだ離れず

父老というのは土地の顔役《ボス》的存在で、下級役人もいれば、土豪や知識人もあり、要するに村落のリーダー格である。元来、中国の村落には自律・自治の性格が強かったことが認められている。それを指導するのが父老層と呼ばれた。唐の行政組織の下では徴税・徴兵の職務（里正、一里＝百戸の長）や警防の仕事（村正―村落、坊正―城郭）を分担させられ、あるいは州県の胥吏《しょり》となり、国家権力の手先として住民を圧迫する者もあったが、村落における発言力、指導性は失っていない。また村落の自治は「中国の村落は統治が住民自身にある小王国」（アーサー＝スミス“Village life in China”）とか、「この村落に発達した自治的組織だけが、中国における唯一で、真の政治組織」（林語堂“My country and my people”）というほど、国の支配機構とまったくの没交渉とはみないまでも、さほど左右されなかったのは事実である。

冒頭にも紹介したように晩唐のころの幽州あたりでは、禄山と史思明を「二聖」と仰ぎ廟《びょう》を建てて祠《まつ》る習慣があった。新米の刺史が廟の破壊を命じたところ、怒った兵士の反乱を誘発している。逆賊の汚名を着せられる二人が、領民の信望を集めていた証拠だが、ことほど左様に、ある意味では村落が世界のすべてに等しい住民にとって、王朝の交代など無縁に近いのである。極端ないいかたをすれば、おおかたの民衆にとって、生活条件を満たしてくれるならば、どの王朝でもよいのである。このような生活の知恵が、王朝の交代にもかかわらず、村落の自律性を根強く伝承させた原因ともいえるし、皇太子の息子らが民情の帰趨《きすう》を力説した理由もそこにある。

各地に蜂起した義勇軍が、やはり在地の父老層、土豪たちに率いられる民衆の自衛団に支えられ（谷川道雄「安史の乱の性格について」）、また、子弟を率いて皇太子の下にはせ参じようとする扶風住民の自律的行動に、まだ唐朝に傾斜している民衆の気配が汲みとれる。ただしそれは唐の支配を絶対と考えたからではなく、禄山が重ねる残虐行為によってあおられた民衆の憎悪、自衛意識であり、禄山がもっとも恐れていた民族感情、百数十年に及ぶ唐支配体制の重みであるとみたい。いずれにせよ、唐は武力に頼って危機を招き、民衆の力によって救われたわけである。こうして玄宗は大散関を越え桟道を渡って蜀へ、皇太子は捲土重来を期して霊武へはしったのである。

皇太子が霊武を選んだのは、西北辺境の要衝であり、勇勁《ゆうけい》をもって鳴る党項族《タングート》が住み、唐の切札、朔方節度使の郭子儀が根拠をおく土地だからである。ここで郭子儀を呼びもどし、党項の精兵を募ろうとの魂胆であった。

七月九日、霊武にたどり着いて間もなく、皇太子は群臣の懇望もだしがたく、蜀にある玄宗には無断で上皇にまつりあげ、宝冊もなく壇場もしつらえないまま帝位についた。ここに在位四五年のながきにわたった玄宗時代は終わりを告げ、年号は至徳と改まる。第七代粛宗皇帝、時すでに四六歳であった。しかしカヤの外に置かれた玄宗は、粛宗の連絡を受け取るまでの一か月ほどは位についたまま、粛宗に天下兵馬元帥を授ける詔勅や、譲位をもらす書状を送るなど、こっけいなできごとがあいついでいる。

一方、河北の戦況は潼関の勝利をさかいとして禄山側へ有利に展開しはじめ、李光弼は太原に退き、郭子儀も霊武に引きあげ粛宗に合流し、河北諸郡は史思明の軍につぎつぎと蹂躪《じゅうりん》されていった。

平原城も孤立無援の状態に、いかんともすることができず、顔真卿はついに平原を放棄して河南へ逃れ、河北は完全に禄山の勢力に屈した。やがて史思明は山西に勇姿を現わし、李光弼の守る太原城に駒を進めることになる。

❖禄山暗殺の陰謀

霊武を根拠に唐側の反攻準備が着々と整えられてきたころ、禄山の身に思いもよらぬ悲劇が訪れようとしていた。異常体質のせいか、すでに洛陽入城のころから禄山は眼病を患い、視力はとみに衰え、おまけに悪性の腫瘍に苦しんでいた。苦痛と心労のダブル・パンチにあい、一種のノイローゼにかかっていたらしい。普段さえもてあます巨体の持ち主、体が不自由となっては無理もなく、近侍が少しでも意に逆らえば、情容赦なく笞《むち》で擲《なぐ》り、時には佩刀《はいとう》で手討ちにする。ほとほと困りはて憎しみをいだく者も多かった。その筆頭は厳荘《げんそう》である。

いまや中書侍郎に任ぜられ、いっさいの政務をとりしきる地位にあったかれも、ときおり受ける笞の洗礼に、はなはだプライドを傷つけられていたようである。そもそも厳荘が禄山に謀反をすすめたのは、唐の処遇に不満をいだき、家柄のない身の悲しさを、新政権への夢に託したからである。反乱に参加協力したおおかたの漢人分子は、野心はなみはずれて大きい反面、禄山への忠誠は微塵《みじん》も持ちあわせていなかった。禄山がこのような状態では将来が案じられる。ここで笞の怨みを晴らし、かねて手なずけてある安慶緒を立て、思いどおり政権を動かしてみたい、そう考えたのであろう厳荘は、ひそかに安慶緒に吹き込んだ。

殿下、〝大義、親を滅す〟ということわざをご存知か。昔から万やむをえず、なさねばならぬこともあります。時《チャンス》を逃してはなりませぬぞ。

厳荘のいう大義とは、重大な局面におかれながら病床に伏した禄山が、戦況報告に訪れる将軍たちを引見もせず、厳荘を通じて命令を伝えるだけの現在では、部下の統制もできず反感を買うばかり、新生国家を維持するためには親子の情をたち、君臣の義を犠牲にせねばならないという意味なのである。刺客を恐れるあまり将軍たちさえ近づけなかった禄山の小心ぶりを、あますところなく伝えている。この部下に対する抜きがたい不信の念が、破局の第一歩であったといえよう。

厳荘の甘言に安慶緒は即座に同意した。

兄貴がやろうというなら、反対もできまい。

もともと糟糠《そうこう》の妻、康夫人が生んだ子であり、長男安慶宗を失った当初、禄山はこの安慶緒を盲愛していた。ところが妾の段夫人に安慶恩が生まれたため安慶緒は疎《うと》んぜられ、安慶恩を後がまにという空気が濃くなってきた。秀頼が生まれたことによって関白秀次を死に追いやった秀吉の心境によく似ている。膂力《りょりょく》は強いが頭はいたって弱く、話もろくにできない安慶緒は、それだけ疑心暗鬼にかられ、皇太子の位を横どりされはせぬかと危懼《きぐ》していたようである。抜け目のない厳荘は安慶緒の動揺を見逃さず、なにかにつけて相談にのり完全に自家薬籠中のものとしていた。暗愚の悲しさ、厳荘の腹黒さを見抜けず、欲も手伝い父親殺しの大罪に一口加わるはめとなったのである。

もう一人、厳荘に因果をいい含められ、片棒をかつがされた人物がいる。禄山の世話係であった李猪児《りちょじ》という宦官で、『新唐書』と『事迹』には、この男についてのおもしろい話を伝えている。かれはもと禄山に降伏した契丹《キタイ》人の子といわれ、十余歳のとき禄山に仕えたところ、まじめで気転がきくのに惚れこんだ禄山は去勢《カストレーション》し閹児《えんじ》に仕立てた。手術のさいには血がとまらず、木灰をつけ火で傷口を焼き、ようやく止血できたという。刑罰の一種として生まれた去勢の法は、傷口が腐りやすいので腐刑ともいわれ、きわめて危険なため命をおとす者が多く、李猪児も数日のあいだ、生死の境をさまよったほどである。禄山のおぼえもめでたく、身のまわりの世話いっさいをかれがとりしきった。禄山の膝まで垂れる腹は、衣裳をまとうにも、なみたいていの苦労ではなく、いつも三人がかりで巨腹をかかえあげ、李猪児がそれを頭で支えて帯をしめる。この芸当は誰もまねできず、華清宮に召され温浴をたまわるときにも、李猪児だけ特別に同行が許されている。このように四六時中、影の形にそうようにつき従っているかれは、それだけ禄山の笞を頂戴する回数も多い。ほとほと参っているかれを、厳荘はそそのかした。

おまえが陛下にぶたれたのは数えきれまい。もし弑《ばら》さねば、おまえの命が危いぞ。

ここに三人の手はずは整った。

❖非業の最期

暗殺決行の日については、『新・旧唐書』の禄山伝では元旦、同じ本紀には六日、『通鑑』には日付を書かず、『事迹』は五日としている。朝賀を受けた夜とするほうがもっともふさわし

安禄山殺さる

い。恒例の酒宴では、ことが運びやすいと考えるのは、誰しも同じだろうし、本紀などの日付は喪が発表されたか、唐側にニュースが伝わった日であると思われる。

その夜、厳荘と安慶緒は衛兵を従えて禄山の寝室の外に立ち、李猪児が抜き身をかざして飛び込み、禄山の巨腹めがけて斬りつけた。宿直《とのい》の者たちは恐怖のあまり足がすくんで動けない。かねて刺客に備え佩刀《はいとう》を枕もとに置いていた禄山も、眼が不自由なうえに、不意をつかれ気も転倒してしまい、刀に手がとどかず帳帷《とばり》の竿をむんずとつかみ、ガタガタ揺り動かしながら、一声叫んだ。

賊は厳荘に違いない。

斬りさかれた傷口から鮮血はとめどもなく吹きだし、露出した腸とまざりあい、あたりは修羅場と化した。やがて禄山は鮮血のなかにのめりこんで息絶えた。司馬光は疑っているが『事迹』の記事を信用すれば春秋五五。皇帝の位について、ちょうど一年目、波瀾万丈の生涯を閉じたのである。死骸はひとまず床下に埋められたのち、位を安慶緒に譲る旨の偽勅がつくられ、病状悪化のため死亡という手順をふんで喪が内外に発表された。実子に殺されるのも悲劇のきわみだが、親を手にかげる子も哀れというほかはない。そして、もっとも忌むべきこの大逆行為が、士気高揚のため唐側の宣伝材料に利用されるまでには、さほどの時間もかからなかった。

反乱始末記

❖洛陽政権の分裂

政権を手にしたものの、安慶緒らは政権の維持がいかにむずかしく、禄山の存在がどれほど重みをもつものであったかを、いまさらながら思い知らされることになった。よく商社マンが自分の手腕・才覚を過信するあまり、独立してみたがうまくいかず、もとの木阿弥になる例をみかける。コロンブスの卵の道理を知らず、商社ののれんや実績を、あたかも自分の信用とか手腕だと錯覚するからである。また商社マン時代の感覚・力量が一国一城の主になっても通用すると思うのはまちがいで、経営の責任が重く両肩にのしかかるため、従来もっていたタクチクスやフロンティア精神がそがれるマイナス面を計算していないからでもある。安慶緒などもまったく軌を同じくしており、統軍の才はなく、識見力量ともにとぼしい身のほどもわきまえず、ただ政権の座に目がくらみ、墓穴を掘ることになったのである。

禄山の横死は洛陽政権を揺り動かさずにはおらない。禄山が存命していればこそ、従来の恩義を感じて犬馬の労をとっている部将たちが、ことごとに厳荘の指示を仰ぐていたらくの安慶緒に、承服するはずはない。まず、禄山とは水魚の交りをつづけ 洛陽政権の樹立に最大の功績をあげた史思明が、いちはやく分離独立をはかる。かれは太原城の攻撃を指揮している最中、禄山斃《たお》るの報に接するや、指揮を部下の一人にゆだね、さっさと范陽に引きあげてしまった。禄山が死んだいま、もはや義理だてする必要はなく、かえって誰はばかることなく、自分の野心に邁進《まいしん》することができると考えたのか。かれは洛陽から輸送されている范陽の莫大な財帛《ざいはく》に目をつけ、これを軍資金に独立政権を建てる計画に、腐心しはじめたのである。

史思明の懐柔に失敗した安慶緒は、やむなく軍の配置転換を行ない、その五月には長安の西、咸陽橋まで迫った唐の先鋒軍を潰滅させ、挽回をはかる唐の出鼻をくじき、反攻を四か月もおくらせるなど、めざましい一面もあった。延々一年以上にわたる激戦を展開した南陽と睢陽《すいよう》を陥落させたのも、その一つである。けれども、いずれ燃えつきなんとする直前の輝きにすぎない。黄河をはさんで潼関とは目と鼻に位置する対岸の河東一帯は、潼関をうかがい、あわよくば洛陽—長安ルートを遮断して敵を混乱させることができる、そう読んだ郭子儀は、潼関の大会戦で勇名をとどろかせた崔乾祐の守る河東を奪った。こうしてふたたび潼関をめぐる彼我の攻防が激化することになる。

潼関の舟橋

❖唐の反攻とウイグルの援助

かたや緒戦に敗北を喫し、反攻が一頓挫したとはいえ、党項《タングート》、王の尉遅勝《うっちしょう》みずから率いる于闐《コータン》軍、抜汗那《フエルガナ》、大食《タージー》（アラブ）諸国の援兵に加えて、精鋭を誇る回紇《ソイグル》部族の来援に勢いづいた粛宗が、いよいよ鳳翔《ほうしょう》へ進出してくる。このため長安の都民はもちろん、禄山軍に泣く泣く従っていた将兵のあいだに動揺がおこり、粛宗のもとへはしる者、唐軍へ積極的に内応する者が続出しはじめた。かの長安の管鑰《かぎ》を禄山に送って降伏した京兆尹の崔光遠が、漢人の将兵二〇〇〇をかたらい、敵の防衛線を突破し、また詩人杜甫がやはり脱出に成功したのも、このころである。また安慶緒の部将のなかには唐に進んで寝返る者も現われ、洛陽―長安が一時、杜絶したことさえあり、洛陽政権の斜陽化は決定的となってきた。

ところで回紇《ウイグル》は回鶻、畏兀児の字でも表わされ、現在でも中華人民共和国の維吾爾《ウイグル》自治区に名残りをとどめている部族国家である。この部族は隋のころから動静が知られはじめたトルコ系民族

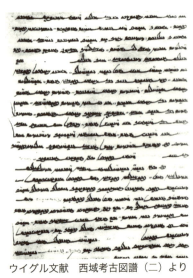

ウイグル文献　西域考古図譜（二）より

で、唐あるいは突厥《とっくつ》に帰属してきたが、七四四年に突厥を倒してモンゴルの覇者となった。反乱が勃発したころは、ちょうどウイグルの草創期にあたっており、外モンゴルを根拠に勢力を拡大しつつあった（安倍健夫『西ウイグル国史の研究』）。前にウイグルがチベットとともに唐へ援助を申し入れたことはふれたが、粛宗の求めに応じて磨延《ビルゲ》啜可汗が、息子に兵を授けて急ぎ救援におもむかせたというわけである。

ウイグルに援助を仰ぎにでむいた使者の一人に、トルコ系鉄勒族の一首領、僕固《ぼっこ》懐恩《かいおん》がいる。かれは自分の僕骨族を率いて唐に仕え、反乱中は郭子儀に従って各地に転戦し、一門の四六人がこの最中に戦死したといわれ、郭子儀にまさるとも劣らない武功をたてた。粛宗は長安奪回後、ウイグルの厚誼にむくいるため、ウイグル可汗の要請をいれ娘の寧国公主を可汗に嫁がせているが、僕固懐恩も娘をつぎの可汗に輿入れさせており、いわばウイグル軍動員のための捨石に娘をささげているのである。このように眺めてくると、郭子儀は別格として、契丹《キタイ》出身の李光弼といいこの僕固懐恩といい、唐中興の功臣の多くは異民族の出身者であり、唐軍の主力は蕃兵に占められていることがわかる。つまり蕃漢の民族闘争に出発したこの大乱が、すでに異民族どうしの戦闘に変質してきたわけである。漢民族の後退、唐朝の威信失墜にひきかえ、この大乱に活躍したこれら周辺民族が、しだいに民族的自覚をよびさますことになるのは、注目しなければならない現象の一つであろう。

粛宗はウイグルの援兵到着に欣喜雀躍したまではよかったが、うっかり、

長安奪回の暁には、土地はわが方に、金帛と子女はウイグルに与えよう。

と約束してしまった。ふだん、ものに動じない粛宗の態度からは想像もつかない不謹慎な言葉だが、逆にいえば、それほど唐はウイグル軍の来援を渇望してやまなかったことになる。長安奪回の切なる願いはわかる。兵力不足に悩む唐にとって渡りに舟、死中に活をえたに等しかったのも事実である。けれどもこの軽率さが患いとなった。長安侵攻で、言質をえているウイグル軍は掠奪、暴行のかぎりを尽くし民衆の苦痛を招いたのである。かれらへの憎悪が、やがてウイグルとの縁につらなる僕固懐恩へはねかえり、窮地に立たされた僕固懐恩を、いわゆる「僕固懐恩の乱」へかりたててしまうのである。

❖戦火いまだやまず

ともかく蕃漢一五万にふくれあがった唐軍は、広平王李俶《りしゅく》(のちの代宗)を総帥に、七五七

年（至徳二）九月一二日、鳳翔《ほうしょう》をたち、一七日にはいよいよ長安攻撃の火ぶたが切っておとされた。一進一退、延々四時間におよぶ大会戦のはてに、勝利の女神は唐側へほほえんだ。安慶緒の守備軍はおおよそ六万の兵力を失い潰走する。こうして長安は完全に解放されたのである。翌日、隊伍を整えて堂々と入城する広平王を、老若男女が歓呼の声をあげて沿道に迎え、手の舞い足の踏むところを知らないありさまであったという。ただちに鳳翔にある粛宗のもとへ捷報がとどけられ、さらに蜀の玄宗へも急使が飛んだのはもちろんである。

安慶緒は味方の敗北を知ると、厳荘に洛陽の残留部隊すべてをゆだね、敗残兵をあわせて潼関、さらに陝郡と防ぎ戦わせたが、勢いにのる唐軍の猛攻に手のほどこしようがなく、敗走に敗走を重ねるばかりであった。今はこれまでと、一〇月一六日夜、安慶緒は一族をたずさえ闇にまぎれて洛陽から河北の鄴《ぎょう》（磁県）へはしった。まことにあっけない洛陽政権の幕切れというほかはない。こうして洛陽も回復され、同月二三日には粛宗も熱狂する都民に迎えられ禁裏に帰ったのである。奇しくもこの日には、玄宗が一年有余にわたる蜀の生活をおえ、都へ向かっている。哀れをとどめたのは禄山に加担して敵の官爵を受けた唐の旧臣たちである。安慶緒に見棄てられ途方にくれているところを捕まり、衆人環視のなかで衣冠をはぎとられ、はだしのまま殿前にひきすえられたのである。論功行賞がひきもきらず、内外あげて歓喜に酔いしれてはいたが、未曾有の大乱が、これで終わりを告げたわけでは、けっしてない。むしろ唐の苦悩は、これから本格的に始まるといってよい。

厳荘はじめ、かなりの部将は唐に降ったが、若干の兵に護られ鄴に逃れた安慶緒は、各地の兵をかり集め、またたく間に勢力をもりかえす。一方、范陽に引き揚げた史思明は、かれを畏《い》懼《く》する安慶緒が、ひそかに自分を除こうとはかっている事実を知らされ、また部下の一人には唐室が再興されたいま、葉上の露にも等しい安慶緒と運命をともにする愚かさをさとされ、河北一三郡と八万の兵をあげて唐に恭順の意を表明した。だが、帰義王に封ぜられ、范陽節度使を授けられたのもつかの間、七五八年（乾元元）六月には、かれの暗殺をくわだてた李光弼の謀《はかりごと》がばれ、ふたたび反旗をひるがえす。ちょうど郭子儀ら九節度使の連合軍が安慶緒を鄴に包囲中であった。史思明は一三万の大軍をもって安慶緒の救援におもむき、唐軍をさんざん撃ち破ったあげく、翌年三月には安慶緒を相州に殺し、ついに位にのぼり大燕皇帝と号したのである。すぐる四年前、安禄山によってひきおこされた戦火は、両都奪回後鎮圧されるかにみえたが、史思明へバトンタッチされて、またもや燃えさかりはじめた。安史の乱と呼びならわされる理由は、このためなのである。

❖史思明父子

こののち、河北から河南を席捲した史思明は、李光弼の軍を主力とする唐軍を圧迫しながら、七六〇年（上元元）閏《うるう》三月には、洛陽に入城した。ふたたび東西両都に対立する政権が生まれたわけである。ところが皮肉なことに、史思明も洛陽を占領してからは、安禄山とまったく同じような失敗を重ねてしまう。つまり史思明も猜疑心がつよく横暴な振舞いが多くなり、部下の心はしだいに離れていった。あまつさえ長男の史朝義にかわって、妾腹の子である末子の史朝清を溺愛《できあい》しはじめ、これを後継者にと考えるようになった。都合のよいことに史朝義が陝州攻撃に失敗してしまい、これを口実に史朝義を除こうとする。ところが安慶緒とは違って史朝義は部下の信望をえていたため、部将の一人が逆に史思明を襲って幽閉し、のち縊殺したのである。

父にかわって政権を担当した史朝義は、かれの統制下にはいることをいさぎよしとしない安禄山の旧将たちの分離に苦しみながらも、七六二年（宝応元）九月まで、よく洛陽をもちこたえた。だが援兵を求めたウイグルが、またも唐に味方したことが致命傷となった。洛陽を放棄して范陽に逃げ帰ったところを、唐に寝返った部将の追撃にあい、自尽してしまう。時に七六三年（宝応二）正月、勃発より実に足かけ九年にわたった大乱も、ここに終わりを告げた。この間、玄宗は粛宗とのあいだに溝ができ、二年ほど幽閉同様の生活をおくったのち、反乱平定の前年四月、寂しくこの世を去った。そして粛宗も過労と心痛がたたってか、玄宗に遅れることわずか十余日でみまかっている。玄宗、齢《よわい》七八であった。

余白録

筆者が本書に描いてきたものは、たくましい生活力、人生すべてこれ闘争といった安禄山と、与えられた境遇にひたすら身を任せる楊貴妃とが、それぞれに織りなす人間模様である。そこには時の流れ社会のありかたにさからい、己の運命を自らの手で切り開いていく者と、呪われた運命をさえ甘んじて受けとめ、流れるがままに生きる者との、みごとなコントラストをみせ、男女の差、育った社会環境の違いこそあれ、両者は人間が生きる二つのパターンを示してくれる。だが、まったく相反するかにみえる両者の生きかたも、つきつめれば古今東西を通じ、男女の別なく、喜怒哀楽のハーモニーのなかに人生を営むように、各人が時と場所に応じて味わい、かつ、くりひろげる人生の両側面なのではあるまいか。

楊貴妃のそれは老子が説く無為自然、荘子のすすめる天衣無縫の姿には、ほど遠い。老荘の理想とする人間像には、他者によって左右されない、絶対的な自我＝真のめざめがある。楊貴妃の運命に甘んずる姿には、甘んずることの苦悩があり顰《ひそみ》がある。まことに富める者には富める者の、貧しき者には貧しき者の悲哀があることを、如実に示してくれるようである。

安禄山のそれは、あがらいの人生とはいえよう。ひたすら富貴、栄達を追い求め、闘争に日夜腐心するかれのありかたは、はてしない欲望による人間性の磨滅を唾棄《だき》した荘子《そうし》をさえ、逆に冷笑し、性の磨滅にこそ生きる喜びをいだき、達性＝あるがままの性を遂げる意義をもつのだと嘯《うそぶ》いているようである。畢竟《ひっきょう》、得たものが空しさであるとしても。

両者と対決するとき、いまさらながら遅々とした人間の歩み、いな思考、情念、欲望、愚かさなど、ほとんど進化がみえないことを思い知らされるのは、筆者ばかりではあるまい。そこに『論語』以下、『孫子』はては『易』にいたるまで中国の古典が現代風にアレンジされながら根強く生命をもちつづけ、また、歴史上の人物が繰り返し俎上《そじょう》にのせられるゆえんがあろう。過去人の叡智《えいち》に歎服し共鳴するにしろ、反発し憎悪するにしろ、いみじくもE・H・カー教授が「歴史とは過去と現在の対話である」といった言葉が重みをもってくる。換言すれば安禄山・楊貴妃との対話を通じて、千数百年のへだたりが埋められ、かれらの苦悩が、欲望が、そして快楽がわれわれに伝わるのである。

両人が生きた時代は唐の中期、中国文学史の区分に従えば、盛唐と呼ばれる詩文全盛の時期にあたる。けれども歴史学では内藤湖南博士以来、社会全体が激変しようとする時代——学界では古代から中世へ、あるいは中世から近世への二大学説がある——社会変革の過渡期に突入しようとする時期とみられている。筆者はいちおう後者に従うが、いわば中世最後の輝きが、開元・天宝時代であり、その落日の輝きを代表するのが本書のヒーロー、ヒロインたちであった。このような変革の波動が起こってきた原因については、生産力や土地所有の問題など、あらゆる分野からふれる必要があるが、その余裕はとうていない。ただいえることは、徐々に胚胎する新しい時代への息吹きに対処できなかったところに王朝の悲劇があり、その導火線となったのが安史の乱であるのはまちがいないという点である。

唐詩の底を流れるものは悲哀であるといわれる（吉川幸次郎『宋詩概説』）。その暗く陰鬱なしらべこそ、社会の変革を鋭敏に感じとった詩人たちの、急激な推移に歩調をあわせられない王朝、そして自分への慟哭《どうこく》ではなかったのか。盛唐の詩人を代表する李白には快楽への憧憬があふれ、杜甫には憂愁がただよう。この相違を社会のありかたに還元すれば、開元、天宝時代こそデカダンとパニックの混在するよどみの時代であったことを代弁するといえはすまいか。なぜなら宮中の生活と民衆の困苦、都会と農村などに象徴的にあらわれる両極の隔たりが、大きければ大きいほど、頽廃的な美しさと輝きをみせるからである。

前後九年にもおよんだ戦乱は、あらゆる面に傷痕を残さずにはおかなかった。まず中央では粛宗そして代宗推戴の功労者である李輔国が実権を握り、宦官の勢力を決定づけた。かれらは兵柄を帯び、互いに養子縁組を行ない、牢固として抜きがたい力を蓄えた（竹田竜児「宦官勢力因由考」）。武后、韋后、そして楊貴妃などの外戚が除かれたことが、かれらの進出を容易にしたわけである。かれらは政治を壟断《ろうだん》し皇帝さえも廃立するようになる。

つぎに財政の逼迫《ひっぱく》である。戦乱がおさまった翌年の戸口統計は戸二九三万三一二五、口一六九二万三三八八で、天宝末の三分の一にも満たない。もちろん都市の荒廃や調査の不備など無理もない面はあるが、いずれにしろ戸口の減少は租税を基盤としている国家財政にはねかえってくる。唐は助人《すけっと》役のウイグルなどに毎年莫大な謝礼を支払わねばならず、かれらの要求に応じなければチベットによる長安侵入のように不測の事態を招く。さらに功臣への恩賞もかさむ。財源に苦しんだ唐は、税制の改革（両税法）、塩の専売などを行ない、必死に経済国家への脱皮をはかった。

また反乱平定といえば聞こえはよいが、武力によらず、敵の将軍を節度使に任じ、かれらの勢力範囲をそのまま直轄地域として認めることを交換条件に、切り崩しを行なったのである。なんのことはない。安禄山、史思明という大軍閥を数個に分轄しただけで、唐の支配は直接この地方には及ばなかった。戸口統計の激減は、かれらの管轄区域に手がだせなかったことも原因の一つである。唐はほとんど、独立政権に近い節度使たちの領域には介入できず、財源を無傷の江淮地方に求めたため、苛酷な収奪は、塩の専売制とあいまって農民を苦しめた。やがて

農民の反乱

この地域から、くりかえし農民暴動がおこり、結局、唐の息の根をとめることになるのである。

唐自体はこのような内憂外患のうちに、安史の乱の傷痕をいやしきれないまま、滅亡へ追い込まれるのだが、社会の状態は王朝の斜陽化、滅亡とは反比例して景気上昇がみられる。宮崎市定博士の説に従うならば、この現象こそ暗い谷間の時代である中世を克服し、近世という輝かしい時代が訪れる過程だということになるであろう(『大唐帝国』)。とすれば安史の乱こそ中世社会のフィナーレであると同時に、近世社会へのファンファーレということができよう。

本書は『旧唐書』『新唐書』をはじめ、『唐六典』『唐律疏議』『通典』『冊府元亀』『唐会要』それに『資治通鑑』といったオーソドックスな史書のほか、『安禄山事迹』『楊太真外伝』などの、いわゆる稗史、野史、小説の類まで参考した。文中で特にことわらなかった箇所は『新・旧両唐書』、『通鑑』の記事とみていただきたい。

『楊太真外伝』二巻は北宋の楽史撰、『楊貴妃遺事』ともいわれ、唐の陳鴻撰『長恨歌伝』などをもとに書かれた物語風の作品である。これは仮空の人物だともいわれる恋仇梅妃の伝記『梅妃伝』（唐曹鄴撰）とともに、伝奇小説の中で艶情小説の部類に属するが、史料としては信憑性に乏しい。

一方、唐の姚汝能の作である『安禄山事迹』三巻は従来ややもすれば参考程度の評価しか与えられなかった。しかし本書の執筆を機会に『通鑑考異』などに引用している『玄宗実録』『粛宗実録』と校合してみると、時には『玄宗実録』と、時には『粛宗実録』と多少の出入はありながら、きわめて類似の内容をもつことがわかる。おそらく『事迹』は両『実録』を斟酌《しんしゃく》して書かれたのではないか、したがって『事迹』により『実録』が復元できるとさえ思われる。いうまでもなく『実録』は『起居注』にもとづいて編纂される先朝の歴史であり、この実録を中心に王朝の正史が撰述されるものだが、唐の正史である『旧唐書』『新唐書』も『実録』によったのは当然である。ただ両者は、どの『実録』に比重をより多く置いたか、また宋の呉縝《ごしん》が『新唐書』は小説類から資料を取ったと非難する点に違いがある（糾繆《きゅうびゅう》）。『新唐書』が『事迹』を参照したのは確かだが、明らかに正史の根本史料『実録』を採用している『事迹』にかんするかぎり、あながち非難されるいわれはない。むしろ司馬光が考証しているように『実録』や『旧唐書』の誤りを『事迹』によってただすものさえある。これも姚汝能の一見識といわねばならない。稗史、野史を退けるか否かは歴史家個人の立場、判断に任せられるが、高く評価される『資治通鑑』でさえも、元の胡三省が「司馬光は神怪を語らず」という面は認められても、考異によれば稗史、野史を多く採択しているのである。筆者は『事迹』の信憑性をかなり高く評価したいと思う。

唐から宋にかけて著わされた貴妃、禄山関係の史料は、おそらくおびただしい数にのぼったであろう。その多くは残念ながら佚して伝わらない。いま、『通鑑考異』の引用書目を参考までに列挙すると両『実録』、『事迹』、『長恨歌伝』のほか次のようである。

柳芳『唐暦』　陳嶽『唐統紀』　焦璐《しょうろ》『唐朝年代記』　平致美『薊門紀乱』　包諝《ほうしょ》『河洛春秋』　宋巨『明皇幸蜀記』　温畬《おんよ》『天宝乱離西幸記』　鄭審『天宝故事』　王仁裕『開元天宝遺事』　唐駢『劇談録』　李徳裕『次柳氏旧聞』　劉晏『張九齢事迹』　柳珵『常侍言旨』　李繁『相国鄴侯（李泌）家伝』　馬宇『段公（秀実）別伝』　杜牧『張保皐伝』　李翰『張中丞（巡）伝』　陳翃《ちんこう》『汾陽王（郭子儀）家伝』　殷亮『顔氏（顔杲卿《がんこう》）家伝』　同『顔氏（顔真卿）行状』　鄭処誨『明皇雑録』

このほか鄭棨《ていけつ》の『開天伝信記』　李肇《りじょう》『唐国史補』　亡名撰『李林甫外伝』　郭湜《かくしょ》『高力士伝』　曹鄴『梅妃伝』　李康『明皇政録』　劉粛『大唐新語』　亡名『大唐伝載』　李濬《りしゅん》『松窗《しょうそう》雑録』　銭易『南部新書』などがあり、裏面史を探る格好の材料を提供してくれる。

開元・天宝の状況は、開元五年（七一七）の多治比県守《たじひのあがたもり》、同二一年（七三三）の多治比広成《たじひのひろなり》、天宝九載（七五〇）の藤原清河《ふじわらのきよかわ》ら遣唐使節一行によって、わが国に伝えられている。安史の乱についても『続日本紀』に淳仁天皇の天平宝字二年（七五八）つまり反乱勃発後三年目の一二月、遣渤海使の小野朝臣田守《おののあそんたもり》らが帰朝し、粛宗が長安を奪回したことまで詳しく伝えており、大宰府帥船王《だざいふそちふねのおう》、大弐《だいに》吉備真備らに安禄山が侵攻するかもしれないから備えを固めるよう指命を発している。さらに天宝十二載（七五三）に帰国の途上で暴風にあい、北ヴェトナムに漂流した藤原清河、阿倍仲麻呂らを迎えに赴むいた高元度に、唐は武器・甲冑の見本を渡したこと、わが国では同年に弓の材料となる牛角を全国から貢納させ、安芸の国には遣唐船四隻を造らせたことなどが伝えられている。これは兵器に乏しい唐が、わが国に調達してくれるよう求めたものであるらしい（外山軍治『隋唐世界帝国』）。ことほど左様に、華やかな玄宗朝の宮廷生活、貴妃のロマン、安禄山の情報は逐一わが国に伝わっていたわけであるが、序文にも書いたように、人口に膾炙されるようになったのは、やはり白楽天の長恨歌が詠われてからである。『太平記』『源氏物語』『今昔物語』『宇津保物語』はては近松の『日本西王母』『双生隅田川』など、さまざまに取り上げられたおびただしい作品によって、古人の興味、理解の程度、評価の仕方を汲みとることができるようである。

安禄山・楊貴妃年譜

西暦	中国暦	年齢	安禄山	年齢	楊貴妃	関連事項
七〇三	則天長安三 中宗嗣聖二〇	1	この頃、突厥に生まれる。			この頃、張仁愿ら突厥を大いに破る。
七一〇	睿宗景雲元	8				韋后ら中宗を毒殺、李隆基（玄宗）クーデタを起こし、父睿宗をたて、皇太子となる。
七一二	睿宗太極元 玄宗先天元	10				玄宗即位
七一三	開元　元	11				大作栄、渤海郡王となり、国を渤海と号す。太平公主を誅殺す。高力士、将軍となる。
七一四	二	12				幽州節度使置かる。寿王瑁生まれる。
七一六	四	14	この頃、中国へ亡命、嵐州へ赴く。			睿宗死す。突厥の默啜可汗死し、毗伽可汗立ち、粛清行なわれる。
七一九	七	17	この頃、互市牙郎	1	この年、蜀に生まれる。のち楊玄璬の養女として都へ赴く。	
七三四	二二	32	張守珪の属将となる。	16		張九齢、李林甫ら宰相となる。張守珪、幽州節度使となり、契丹王屈烈らを斬る。

七三五	二三	33	この頃、都にのぼり、張九齢の注意をひく。張守珪の養子となる。	17	寿王妃となる。	
七三六	二四	34	奚・契丹を討ち敗績して都に送られる。	18		
七三七	二五	35	死刑を許され白衣にて戦列に復帰す。戦功著るし。	19		張九齢左遷さる。武恵妃死し、寿王の皇太子就位薄らぐ。李林甫の専横はじまる。
七四〇	二八	38	平盧兵馬使となる。	22	玄宗に温泉宮に召さる。道教の尼（太真）となり太真宮に入る。	張九齢死す。金城公主チベットに死す。
七四一	二九	39	営州都督となり、平盧軍使、四府経略使をおぶ。	23		突厥の登利可汗殺され、内乱勃発す。
七四二	天宝 元	40	平盧節度使となる。			突厥の千余帳こぞって唐へ来降す。この歳、戸八五二五七六三。口四八九〇九八〇〇
七四三	二	41	正月入朝す。	25		
七四四	三	42	范陽節度使を兼ねる。	26		
七四五	四	43	奚・契丹を破り勲功をあげる。	27	貴妃となる。一族に官位を贈られる。楊国忠、金吾兵曹参軍となる。	突厥滅亡す。寿王瑁、韋昭訓の女を妃とす。
七四六	五	44	入朝す。	28	玄宗の寵いよいよ深まる。楊国忠、度使郎中兼侍御使となる。	李林甫、皇太子妃一族を讒言。皇太子、妃を離婚。王忠嗣、河西・隴右節度使となり、河東・朔方節度使を兼ねる。

七四七	天宝 六	45	御史大夫を兼ねる。貴妃の姉妹らと義兄弟となり、貴妃の養子となる。雄武城を築き武器を貯える。	29		王忠嗣、禄山と反目。李林甫これを憎む。王忠嗣、河東・朔方節度使を辞任。温泉宮を華清宮と改める。哥舒翰、隴右節度使となり、安思順、河西節度使となる。高仙芝、小勃律を討ち、その王および吐蕃公主を虜にする。のち安西節度使となる。
七四八	七	46	鉄券を賜う。	30	楊国忠、十余使を兼領する。貴妃の姉、それぞれ韓国夫人、秦国夫人、虢国夫人となる。	哥舒翰、チベットを破る。
七四九	八	47		31	玄宗の旨に違い、私第に帰る。即日許されて宮に迎えられる。	李林甫と楊国忠の反目激化。哥舒翰、チベットを石堡城に大破する。
七五〇	九	48	東平郡王となる。また河北道採訪処置使を兼ねる。冬入朝。第を賜わり鋳銭壚を授けられる。俘虜八〇〇〇人を献ず。	32		安思順、朔方節度使を権知する。高仙芝、石国を襲撃し王を捕らえ、掠奪殺戮を重ね、帰って安思順に代わり河西節度使となる。
七五一	一〇	49	親仁坊に新邸を賜う。河東節度使を兼ねる。契丹を討ち大敗する。	33	楊国忠、剣南節度使を領す。	高仙芝、イスラムとタラス河畔に戦い敗北する。
七五二	一一	50	二〇万を率い契丹を討つ。入朝し玄宗の命により哥舒翰、安思順と兄弟の義を結ぶも反目深まる。	34	楊国忠蜀へ赴く。ただちに召還される。李林甫死去。右相となり四十余使を領す。	龍武万騎、将軍を殺して李林甫・楊国忠を殺害せんとはかり失敗。李林甫死去。封常清、安西節度使となる。

七五三		一二	51	楊国忠と結び李林甫の謀反を誣告。契丹の部落を降し軍を吸収する。兵力及ぶものなし。楊国忠との対立生じる。	35	楊国忠、魏国公に封ぜられる。	哥舒翰、チベットを大破する。楊国忠と結び河西節度使を兼ねる。
七五四		一三	52	入朝し左僕射を加えられ二子に官を賜う。また群牧監などを兼ねる。	36		この年、戸九〇六九一五四、口五二八八四八八。
七五五		一四	53	何千年を使とし漢将を蕃将にかえんと奏する。兵一五万をもって挙兵（安史の乱）。安慶宗ら殺される。洛陽を陥す。	37		杜甫はじめて官につく。封常清、高仙芝、兵を募り防備にあたる。顔真卿、顔杲卿あいついで兵を挙げる。安思順ら殺される。封常清、高仙芝殺される。
七五六	至徳	一五 元	54	大燕聖武皇帝となる。潼関を破り長安を陥す。史思明、河北を制圧し太原に進出する。	38	馬嵬駅にて一族ともども殺される。	常山破れ顔杲卿虐殺される。潼関破れ哥舒翰、禄山に降る。玄宗、蜀へ逃る。皇太子霊武に奔り位につく（粛宗）。郭子儀、李光弼、河北を放棄。平原破れ顔真卿、霊武に奔る。
七五七		二	55	安慶緒に弑せられる。安慶緒、洛陽を棄て鄴へ逃る。史思明、范陽に拠る。			郭子儀、河東を奪う。睢陽、南陽陥ち許遠、張巡あいついで戦死する。長安、洛陽回復される。
七五九	乾元	二		史思明、燕王と号す。史思明、安慶緒を殺す。			李光弼、史思明を范陽に破る。
七六〇	上元	元		史思明、洛陽を奪う。			李輔国、玄宗を西内に移す。高力士ら巫州に流される。党項、都にせまる。劉展の乱起こる。顔真卿、蓬州に左遷される。

七六一	上元 二		史朝義、史思明を殺し、皇帝の位につく。		李光弼、史思明に破られる。
七六二	宝応 元 広徳 元		史朝義、殺される（安史の乱終わる）。		玄宗、粛宗死す。李白死す。僕固懐恩の乱起こる。吐蕃、長安に侵入し、代宗長安を脱出する。

参考文献

楊貴妃	大野実之助	春秋社
安禄山	藤善真澄	人物往来社
中国后妃伝	田中克巳	
顔真卿——剛直の生涯	外山軍治	創元社
吉川幸次郎全集十巻　唐篇Ⅳ	筑摩書房	
吉川幸次郎全集十一巻　杜甫篇	筑摩書房	
杜甫	高木正一	中央公論社
白楽天	横山裕男	人物往来社
白居易上下（中国詩人選集）	高木正一	岩波書店
宦官	三田村泰助	中央公論社
長安の春	石田幹之助	創元社
桑原隲蔵全集二	岩波書店	
東西文化の交流	松田寿男	至文堂
東西文化の交流	伊瀬仙太郎	アテネ文庫
東洋の歴史第五巻　隋唐世界帝国	外山軍治・礪波護	人物往来社
世界の歴史七　大唐帝国	宮崎市定	河出書房
世界の歴史四	塚本善隆	中央公論社

世界の歴史四　布目潮渢　山口修　集英社
大世界史四　石田幹之助・田中克巳　文芸春秋社
世界歴史　羽田明　日比野丈夫　人文書院
世界歴史シリーズ七　大唐の繁栄　世界文化社
図説世界文化史大系　中国三　角川書店
岩波講座世界歴史五　岩波書店

図版使用図書

隋唐演義　褚人穫
隋唐五代的故事　林羽明
隋唐史話　沈起煒

さくいん

【あ行】

【か行】

【さ行】

【た行】

【わ行】

新《しん》・人《ひと》と歴史《れきし》 拡大版《かくだいばん》 15
安禄山《あんろくざん》と楊貴妃《ようきひ》 安史《あんし》の乱始末記《らんしまつき》

定価はカバーに表示

2017年7月30日 初 版 第1刷発行

著 者 藤善《ふじよし》 真澄《ますみ》
発行者 渡部 哲治
印刷所 法規書籍印刷株式会社
発行所 株式会社 **清水書院**
〒102−0072
東京都千代田区飯田橋3−11−6
電話 03−5213−7151㈹
FAX 03−5213−7160
http://www.shimizushoin.co.jp

カバー・本文基本デザイン／ペニーレイン DTP／株式会社 新後閑
乱丁・落丁本はお取り替えします。 ISBN978−4−389−44115−9